ERNST BARLACH

Serie Piper
Band 777

Zu diesem Buch

»Den ›Findling‹«, äußerte Barlach 1930, »habe ich mir im Freien zusammengesucht. Ich weiß von jedem Stücke, ich weiß von jeder Wendung, die mir auf meinen Wegen einfiel, noch Strauch und Baum.« Aber ›Der Findling‹ hat nicht die Zufallsgestalt eines Findlings. So kraß wie sein blutiger Inhalt, so schroff ist die Form. Mit monomanischem Ingrimm zwingt Barlach seine Obsession vom Leben als »Freßprozeß«, als »Verwandlungs- und Verdauungswunder« aufs Theatrum mundi, jeden Satz stabreimend dreimal unterstreichend.
Diese Taschenbuchausgabe, Teil der achtbändigen Dramen-Gesamtausgabe zu Barlachs 50. Todestag, gibt Text und Holzschnitte des Erstdrucks, verlegt von Paul Cassirer, Berlin 1922, wieder. Nur Druckfehler wurden berichtigt.

Ernst Barlach, geboren am 2. Januar 1870 in Wedel, Holstein, wuchs in Schönberg bei Lübeck und in Ratzeburg auf, lernte an der Gewerbeschule in Hamburg, studierte an der Königlichen Akademie für Bildende Künste in Dresden, lebte in Paris, Friedrichroda, Wedel, Berlin, Florenz und 1910–38 in Güstrow, liegt in Ratzeburg begraben. Er starb am 24. Oktober 1938 in Rostock, weltberühmt, in seiner Heimat verfemt. 1933, als das Raubtiergesetz zur Staatsmoral wurde, fand Barlach seinen ›Findling‹ »unbändig aktuell«. Bevor Veränderung möglich ist, zeigt er im ›Findling‹, müssen wir wissen, welchem Gesetz wir gehorchen; vor der Erlösung aus dem Zustand der Freßnatur kann nur die Selbsterkenntnis stehen. Die Nazis haben ihn verstanden. Sie haben ihn ausgehungert.
Helmar Harald Fischer, geboren 1940 in Magdeburg, Autor und Übersetzer in Köln, 1968–79 Chefdramaturg und Stellvertreter des Intendanten in Aachen, Braunschweig und Wiesbaden, 1979–85 Lektor im S. Fischer Verlag, betreute als verantwortlicher Dramaturg des Theaterverlags das dramatische Werk Ernst Barlachs.

ERNST BARLACH
DRAMEN

Der Findling

Mit 19 Holzschnitten von Ernst Barlach

Herausgegeben und mit einem Vorwort von
Helmar Harald Fischer

Piper
München Zürich

Erscheinungsfolge der Ausgabe:

Die Sündflut, Juli 1987
Der Arme Vetter, Juli 1987
Die Gute Zeit, September 1987
Die Echten Sedemunds, Oktober 1987
Der Blaue Boll, Januar 1988
Der Tote Tag, Mai 1988
Der Findling, September 1988
Der Graf von Ratzeburg, Oktober 1988

ISBN 3-492-10777-X
September 1988
2. Auflage, 4.–6. Tausend Juli 1991

Umschlag: Federico Luci,
unter Verwendung eines Motivs von
Frieder Grindler
Gesamtherstellung: Clausen & Bosse, Leck
Printed in Germany

Inhalt

Vorwort

Wer seinen Ekel über die Schlechtigkeit der Welt mal gründlich formuliert haben möchte, der greife zu Ernst Barlachs *Findling*: Hier ist ein Ausdrucksreichtum für seinen Brechreiz, den er mit noch so vielen Flüchen und Schimpfworten aus der Fäkalsprache nicht anhäufen könnte. Es strotzt nur so von Blasphemien. Und doch klagt niemand gegen eine solche Veröffentlichung wegen Verletzung seines religiösen Empfindens. In Abwandlung eines berühmten Partriarchen-Spruchs wird immer einer sagen: »Tut nichts, der Barlach bleibt Gottsucher!« Barlach war sich darüber im klaren. Zu Reinhard Piper sagte er 1934: »Sie sehen, ich bin eigentlich ein boshafter alter Affe, aber den Leuten macht es mehr Spaß, mich für einen gutherzigen Theologen zu halten.«

Man möchte lieber nicht zur Kenntnis nehmen, wie erschrekkend konkret Barlach gedacht hat. Die Umformulierung des biblisch-kirchlichen Vaterunsers im *Findling* ist eine an Illusionslosigkeit nicht zu übertreffende Einschätzung der Menschennatur: »... Führe uns fleißig zum Versuch guter Getränke/Und sende Erlösung uns von übler Verdauung/Denn dein ist der Bereich und die Kraft und die Herrlichkeit der ewigen Gefräßigkeit...« Bieder lobte die *Neue Königsberger Zeitung* in ihrer Rezension der Uraufführung des *Findling* am 21. April 1928 im Neuen Schauspielhaus Königsberg die Regie des Intendanten: »[Fritz] Jessner verzichtete von vornherein auf den Versuch, die Symbolik des dreiteiligen Stücks (das er übrigens pausenlos durchspielen ließ) realistisch auszubeuten. Er unterstrich sie im Gegenteil noch und milderte dadurch erheblich die unästhetische Wirkung mancher grausigen Einzelheit.«

Im Unterschied zu allen anderen Bühnenwerken, die Barlach veröffentlicht und deren Aufführung er erlebt hat, findet sich über die Uraufführung des *Findling* in Königsberg nicht ein einziges Wort in den bis heute publizierten Briefen. »Für Bühnen nicht geeignet«, hatte er zur Erstausgabe 1922 seinem Vetter Karl geschrieben, »wenigstens nichts für die jetzige Bühne. In Hannover wollte die Kestner-Gesellschaft eine Uraufführung wagen, ich habe aber abgelehnt.« Ein halbes Jahr später schon meint er selbstironisch in einem Brief an Reinhard Piper: »Die Versuchung, den *Findling* auf die Bühne zu bringen, fängt an zu arbeiten, die alte Geschichte von der freudigeren Weltanschauung infolge eines guten Frühstücks.« Und weitere neun Monate später klagt er seinem Vetter Karl, März 1924: »Der *Findling* sollte bis Ende Januar im Staatstheater gespielt werden. Nach so vielen Verheißungen ist es eigentlich ein starkes Stück, daß man nicht Wort hält, ich dringe jetzt darauf, daß man ganz bestimmte Zusagen macht, oder ich ziehe das Stück zurück – es sind noch andre Theater da, die das Stück haben wollen. Es hat so viele Theaterskandale gegeben, daß der [Leopold] Jessner wohl bange geworden ist.«

Die Königsberger Aufführung des *Findling*, die es auf drei Vorstellungen brachte, blieb bis heute, 60 Jahre lang, ohne Nachfolge auf dem Berufstheater. Auch in der Hungerzeit der Großen Depression – die Nähe zu Kriegs- und Inflationszeit, die Barlach beim Schreiben des *Findling* vor Augen stand, war gegenwärtig – kam es zu keiner Inszenierung. Aber selbst nach dem Zweiten Weltkrieg, als der Zusammenhang von Tod und Auferstehung mit Händen zu greifen war, rührte niemand an Barlachs *Findling*. Kurt Eggers-Kestner, der noch 1935 das Aufführungsverbot für Barlachs Dramen mit seiner Inszenierung der *Echten Sedemunds* am Altonaer Stadttheater unterlaufen hatte, bis man im Goebbels-Ministerium darauf aufmerksam wurde, formulierte das in der Einleitung zu seinen Lesungen des *Findling* ab 1954, den er auswendig in Berlin, Hannover, Hamburg und anderswo vortrug: «Wer durfte so töricht sein, nach diesem Feuer, das vom Himmel fiel, nach dem Blick in den Abgrund der letzten Sinnlosigkeit etwa die Geburt des neuen Menschen zu erwarten! Nichts davon geschah. Wir sind noch einmal davongekommen, und nur neue Futterkrippen, und neues Gedränge um beengte Plätze. ›Fort zu frischem Trost an alten Tischen!‹ ist Diebitzens Leitwort im *Findling*.«

Berichtet wurde darüber unter Überschriften wie ›Unterwegs zu Gott‹ oder ›Im Fegefeuer der Dichtung‹. In Bremen leitete 1955 Friedrich Droß, Herausgeber der Barlach-Werkausgabe im Piper Verlag, die Veranstaltung Eggers-Kestners ein; Barlachs »Bekenntnis Ex profundis apokalyptischer, höllen-breughelmäßiger Entsetzlichkeit« möchte er entschieden über »existentialistische Dramatik, die sich immer noch auf unseren Bühnen breit macht«, erhoben wissen: »Denken Sie bitte etwa an Sartres *Hinter verschlossenen Türen* oder gar Samuel Becketts *En attendant Godot,* das übrigens auch in geistiger Hinsicht dürre Wüste darstellt«. Diese Äußerung eines mit Barlach so vertrauten und um ihn verdienten Mannes zeigt, warum wir aus größerem historischem Abstand heute tatsächlich erweiterte Möglichkeiten der Barlach-Interpretation haben. Droß hat, selbstkritisch, auch formuliert, inwiefern nur die künstlerische Interpretation Barlach zu entsprechen vermag, zumal die seiner visionär bestimmten Werke.

Visionär – auf die Spannung zwischen Spiel und Stoff konzentriert – ist *Der Findling* ohne Zweifel; das macht ihn in jeder Hinsicht anstrengend. Barlach selbst nannte ihn »die schwerste und leidenschaftlichste Produktion meines Lebens«. Visionär heißt aber nicht unkonkret und unrealistisch.

Auf der Bühne, sie bedeutet die Welt, kommen und gehen Menschen wie ständig auf der Flucht: vor dem Elend, vor einander – und immer in Eile, Erster zu sein, wo es was zu raffen gibt. Sie suchen Schutz vor Kälte und Hunger hinter dem Windschirm am Feuer des Steinklopfers, im Zentrum der Bühne. Im Gegensatz zu allen anderen ist der Steinklopfer immer auf der Szene. Er ist der Spielmacher. Wie der Puppenmacher Klinkerfuß über seine Puppen verfügt, so springt der Steinklopfer mit den auftretenden Figuren um. Die Parallele zum Kasperspiel in der Mitte des Mittelstücks wird deutlich benannt: Der Steinklopfer zeigt auf die Puppen, die Klinkerfuß in den Dreck geworfen hat: »Die Tröpfe da, die dollen Dinger, sind so gut, wie du, Gottlieb, es ihnen vergönnst.« Und ein Satz der jungen Elise unterstreicht die Parallele: »Unser Wert ist wie der von weggeworfenen Puppen.« Den Namen »Gottlieb« verkürzt der Steinklopfer, wenn er selbst die Menge aus seinem Kessel speist: »Wenn ihr nun fromme Leute wärt, fräßet ihr, was euch Gott beschert.«

Fast so lange wie der Steinklopfer ist der Findling auf der Bühne. Vater und Mutter, die ihm Krätze und krumme Knochen schenkten, lassen ihn liegen, um dem Hammer des Steinklopfers zu entgehen. Das Findelkind wird sorgfältig beschrieben, da man es aus dem Zuschauerraum in seinen Lumpen nicht so genau erkennen kann: »Einen Borstenbart hat's an der Backe, sein Haar ist mit ausgeschwitztem Horn verklebt. Wie Klumpen Kot stechen seine Gedärme aus dem Leib, fingerlanges Gewürm frißt an der faltigen Haut, sein Rücken ist ein Gerümpel von gebrochenen Knochenstücken.« Und da der Titelheld selbst nicht sprechen kann, wird auch seine tiefere und höhere Bedeutung gewürdigt: Dieser »Spucknapf von faulem Dreck und Speck« wird der staunenden Menge als das »Versehen von tausend Vätern und die Pfuscherei von tausend Müttern« gedeutet, Prophet Pfingsten erklärt wörtlich: »Euer aller Kind und Kindeskind, euer aller Schuld, euer aller Schande.« Und selbstverständlich richtet er deshalb auch einen Appell an alle: »Erstickt seine Erbärmlichkeit in euch selber, macht gut an euch, was ihr an ihm getan. Schafft euren Heiland, Männer, Weiber, zur Welt.« Das halten die Leute nun für mächtig übertrieben, und der Prophet mit dem festlichen Namen der Ausgießung des Heiligen Geistes kann froh sein, daß er heil davonkommt. Zum guten Schluß des Spiels aber wird das ekle Ebenbild tatsächlich noch zum »Balg des Heils«, weil es eine Wandlung erfährt.

Elise, die Tochter eines Wucherers, ist der Mensch, der diese Wandlung vollbringt. Sie wird im Verlaufe des Spiels dazu fähig, weil sie die entscheidende Voraussetzung dafür hat:

Scham zu empfinden »über den Schein von Gut- und Gerechtsein in unserem Leben... Vater verstand, Rahm von der Armut zu schöpfen... Alle die feisten Fräuleins, alle gerundeten Gemahlinnen sind am gestorbenen Glück... vergrämter Gemüter zu säuberlichem Ansehen gewachsen.« Auf diese artfremde Nestbeschmutzung reagieren Elises Eltern mit Verstoßung und wünschen ihr einen Landstraßenbankert an den Hals – ein Wunsch, der in Erfüllung geht. Doch ehe sie imstande ist, dem eigenen Gewissen zu folgen, muß sie zwei Lektionen lernen. Als sie an die Güte des Steinklopfers appelliert, stellt der ihre eigene Bereitschaft zur Güte auf die Probe; er empfiehlt ihrer Fürsorge das Findelkind. Wir sind auf ihre Reaktion, als sie die Mißgeburt im Feuerschein erkennen wird, vorbereitet: Im Vorspiel hatte der Anblick des Widerlings eine Frühgeburt ausgelöst. Der Steinklopfer jagt Mutter und Tochter zum Teufel: »Ihr habt euch verraten, verfluchtes Volk, ohne Güte im Grunde und weit aus der Gnade... Wenn der Wurm in eurem Wanst vor Ekel fastet, dann darf ein Prinz wie der mit seiner Schönheit protzen, dann darf die Welt... einen neuen Anfang wagen – fort mit euch.«

Auch die Prophezeiung des Steinklopfers geht in Erfüllung. Während alle sich am roten Kaiser sättigen, den der Steinklopfer erschlagen, zerteilt und in seinem Kessel gekocht hat, sind Elise und Thomas, der Sohn des Puppenspielers, den sie kennengelernt hat, die einzigen, die fasten. Von Thomas erhält Elise die zweite Lektion: »Sieh, wie sie sich mit Ekel sättigen.« Elise: »Ich wills nicht sehen.« Thomas: »Du mußt, wir müssen wissen, wessen Kinder wir sind.« Um die Welt zu bessern, muß man sie realistisch sehen. Eine Wunde, die ich nicht ins Auge fassen will, kann ich nicht heilen. Wenn ich das Elend der Welt nicht sehen will, trage ich zu seinem Bestand bei, weil ich dem Anlaß, Verantwortung zu übernehmen, aus dem Wege gehe. Elise erkennt den Findling als »Spiegel der Fratze des verzweifelten Gottes«, nimmt ihn an Mutterstelle an, und siehe, »ein leuchtend schönes Kind« auf ihrem Arm »blickt munter um sich«.

Die reale Wirkung geistiger Energie ist für alle, die nur an die materielle Energie glauben, wie ein Wunder. Obwohl Thomas schon erfahren hat, was Liebe vermag – »Keine Macht hat über mich mein Magen seit der Nacht« – sagt er zu Elise: »Nun bist du die Mutter eines Gottes geworden.« Aber Elise antwortet: »Es ist nur ein glückliches Kind, Thomas.« Wer die Notwendigkeit, sich zu ändern, nicht begriffen hatte, versteht auch die Ursache der Wandlung nicht. Die das kritische Wort mit drohender Faust beantwortet hatten, stammeln nun Kitsch: »Ein goldnes Bienchen summt um ihn / Und küßt als Hauch die glatte Wand der Stirn.« Barlach zeigt, wie der Philister von der wahren Welt träumt: »Der Heiland stand in unserer väterlichen Gartenlaube am weiß gedeckten Tisch und schärfte unser altes Bratenmesser, schnitt Scheiben von der Kalbskeule und sah aus wie mein Großvater...«

Als der Prophet Pfingsten zum positiven Schluß noch mal Fanfare schmettern will, legt ihm der Steinklopfer »die breite Hand auf den Mund«: »Kasperseele, Kasperseele!« Es kann keine Abrundung des Spiels mit Empfehlung für den Heimgebrauch geben. Die Grundwidersprüche menschlicher Existenz lassen sich nicht wie im Kasperletheater lösen. Im Kasper-und-Tod-Spiel von Klinkerfuß prügelt Kasper den Tod einfach fort. Als Thomas mit seinem Kasper-und-Teufel-Spiel antworten will, bleibt er stecken; je schwärzer die Sünde, hat er den Teufel gerade mit Barlachs Überzeugung zum Ausdruck bringen lassen, desto strahlender die Erlösung; Thomas bittet Elise um einen Fingerzeig: »So steht Kasper am Kreuzweg und zweifelt.« Da packt der Steinklopfer die Kasperpuppe und zerschlägt sie auf dem Haustein: »Kommt alle her, ihr sollt alle satt werden.« Er zerschneidet das Fleisch des roten Kaisers und teilt aus: »Empfange deinen Herrn und deinen Knecht.« Seine Opferworte lauten: »Der Heilandskeim ist aufgebrochen, zerschlagen sind des roten Kaisers Knochen.« Thomas nimmt wie Elise an diesem kannibalischen Ritual nicht teil. Die Puppenspiele läßt er hinter sich: »Thomas, der Puppenspieler ist geborsten, Thomas der Andere ist geboren, Thomas der Neue wird sein ... Laß uns genesen vom Gewesen.« Für ihn ist Elise »der wahre Weg und die wirkliche Pforte«.

Das kann nur heißen: Der einzige Weg zum Heil ist ein autonomes Gewissen. Veränderung ist eingetreten, weil ein Mensch sich persönlich verantwortlich gefühlt hat für den Zustand der Welt, verkörpert in »Gottes Graulgestalt«, dem Findling.

Barlachs *Findling* ist von Rigorismus geprägt, inhaltlich, sprachlich, formal. Da gibt es keine Begründungen, kein Wenn und Aber, keine Psychologie. Die Auftritte passieren wie im Kasperletheater oder im Stationendrama, wie es sich von den mittelalterlichen Moralitäten oder Mysterienspielen herleitet. Der plakativen Form entspricht, singulär unter Barlachs dramatischen Arbeiten, die Aufteilung Vorspiel, Mittelstück, Schluß-Spiel, entsprechend einem Triptychon. Der Vorgang selbst ist die Botschaft. Nichts wird erklärt. Widersprüche werden nicht aufgelöst.

Wo der rote Kaiser auftaucht, da ziehen Truppen vorbei, und es »schwitzen die Totengräber« – und doch ist er Prophet und Keim einer neuen Zeit: »Es wird nach mir der Heiland geboren.« Er ist Todbringer und Heilsstifter in einer Person. Gut und Böse sind eins. Nicht anders der große Spielmacher selbst: Er ermordet den Kaiser, stiftet zum Menschenfraß an – und doch weist er den Weg in die Erlösung.

Durchgängig scheint das Prinzip zu herrschen »Die Letzten werden die Ersten sein, und die Ersten werden die Letzten sein«. Nicht die Aktion im Vordergrund ist entscheidend, sondern das Geschehen im Hintergrund. Die Fanfare »Der rote Kaiser gibt dem Land bekannt« ist zum Schluß ganz unwichtig, während die erst ironische, dann hoffnungswillige Einsicht des ostinat Murmelnden schließlich das Wesentliche ausspricht. Der Tenor im Chor der Philisterstimmen wird vom Vorbeter des gesunden Volksempfindens zum Aktionskünstler, der mit seinem Blut ein Happening veranstaltet und Bewußtsein aufbricht. Das Entscheidende aber geschieht wortlos.

Ingrimmig wie der Steinklopfer hat Barlach im *Findling* sämtliche Vorgänge auf die Stoffwechsel-Norm gebracht, vorzugsweise die geistigen und geistlichen; je heiliger das Tabu, um so unerbittlicher wird es mißachtet. Vom Abendmahl als Befriedigung des Menschenfresserinstinkts können sich Elise und Thomas in oppositionellem Ekel abwenden und den Weg in frei gewählte Selbstverantwortung finden. Die Verwandtschaft zwischen Autor und Bühnenherrgott geht so weit, daß die Namen der vom Steinklopfer Gegrüßten identisch sind mit der von Barlach geliebten Frau seines Freundes Friedrich Schult, die er Wiesche nannte und seinem Patenkind, dem Schult-Sohn Hanning. Daß er Wiesche hier seine Schwester nennt und Friedrich Schult seinen Schwager, war ein bedeutsamer Gruß, denn *Der Findling* erschien im Jahr nach dem Zerwürfnis mit ihnen, das Barlach nach dem vorausgegangenen Selbstmord seiner Mutter in tiefste Kleinstadt-Einsamkeit stürzte. Sein Brief an Tilla Durieux vom 10. September 1921 gibt Aufschluß darüber. Monatelang sitzt er ab Januar 1922 auf gepackten Kisten in seinem Atelier und fertigt die Holzschnitte zum *Findling* an; aber als Haus und Atelier des im Oktober 1921 verstorbenen Bildhauers August Gaul in Berlin für ihn endlich zur Verfügung stehen, verzichtet er. Er kann sich von der Landschaft nicht trennen.

Wenn Barlachs Kompromißlosigkeit noch zu steigern war, im *Findling* hat er sie gesteigert. Sein Leben lang erinnerte er sich seines *Findling* als des »Buchstabe für Buchstabe in der hiesigen Landschaft zusammengebauten liebsten meiner Stücke«. – »Andere Stücke habe ich fast vergessen«, schreibt er 1936 in einem Brief, »dieses nicht.« Auf dem Kirchhof von Badendiek, dem Dorf an der Südwestecke des Inselsees bei Güstrow, das im *Findling* vorkommt, hatte Barlach einer Gesprächsnotiz zufolge 1919 zu Friedrich Schult gesagt: »Man möchte sagen: lieber hier begraben sein, als anderswo leben.« Den Kamm des Heidbergs hinterm Inselsee wünschte auch Uwe Johnson sich gegenwärtig in der Stunde seines Sterbens. *Der Findling* spielt also nicht in »Nirgendheim«, wie es in der *Neuen Königsberger*

Zeitung hieß. Aber persönliches Leid und – wie Briefe belegen – nicht weniger konkrete Sorge um die politisch labilen Zustände und deren Auswirkung auf die »bloße Fraß-, Raff- und Habegerechtigkeit« sind im *Findling* zu einer Form gebracht, die zunächst wie eine Barrikade gegen alle üblichen Kommunikationsmöglichkeiten wirkt. Mit dem *Gestohlenen Mond* hat Barlach ein Schlüsselwerk über den Zusammenhang von Biedersinn und Bestialität hinterlassen, das den ›Findling‹ für das Theater aufschließen könnte.

H. H. F.

Ernst Barlach

DER FINDLING

Ein Spiel in drei Stücken

Personen

Thomas
Elise
Ein kleines Kind
Steinklopfer
Der rote Kaiser
Klinkerfuss
Kasperlefiguren (Tod und Teufel)
Vater Kummer
Mutter Kummer
Kost
Pfingsten
Vesper
Diebitz
Stiebitz
Sauerbrei
Fetting
Kaiser
Papst
Bass
Tenor
Diskant

Murmelnder, Mann, Frau
Ein Alter, ein Beter

Vorspiel

Trüber Tag mit Wind und Regen, ein alter Weidenbaum steht in der Mitte des Raumes jenseits der Landstraße; an ihn lehnt sich der Windschirm des Steinhauers. Der STEINHAUER *arbeitet neben dem sargähnlich gestreckten Haufen kleingeschlagener Steine, ein Topf steht über dem Feuer. Ein* MANN *und eine* FRAU *in verwahrlostem Zustande, müde gewandert und schmutzig, bleiben bei dem Schirm stehen. Die* FRAU *trägt ein in Tücher gebündeltes Kind.*

FRAU Geschimpft und geschlagen, gehungert und mit dem Kind den weiten Weg gehinkt.

MANN Das Kind geschleppt! Warum setzt du das krätzige Kind ins grindige Leben!

FRAU Von mir die Krätze, von dir die krummen Knochen! Kannst deinen Teil selber tragen, habe gerade genug Last am leeren Magen. *Sie reicht ihm das Kind.*

MANN *wehrt ab* Schab ab von dir deine Schäbigkeit, schmeiß hin den Schwamm deines Schadens, laß liegen das liebe Luder – jeder Graben ist gut genug, jeder Teich ist tief genug, jeder Mist ist mütterlich genug, jede Pfütze ist väterlich genug – sind alle kinderlieb zum Gallekotzen.

STEINKLOPFER Eure Kutsche läuft verkehrt, ihr biestert blind voran, ihr könnt in einem Sumpf zu Bett gehn, wenn ihr so weiter wollt – da ist kein Bissen Brot oder ein Tropfen Brandwein zu befahren.

MANN Hast schon gehört, was für ein verhöhntes, verhunztes, verhungertes, verpfuschtes, flüchtiges und verfluchtes Volk hinter uns her gekümmert kommt!
So wenig Bissen und Tropfen hinten und vorn.
Wir sind die Vordersten und mit nichts als Habe am leichtesten beladen, wir Schlucker haben nichts zu schleppen – aber – weit weg von hier, irgend wo anders hin, davon, überall hin, nur nicht dableiben!

STEINKLOPFER Was ist da, wo du daheim bist?

MANN Soll ich davon sprechen? Habe genug gesehen, gehört, geheult, gehungert; genug gebetet, genug gezetert, genug gehetzt und gelungert, sind ausgeherzt und ausgehofft: der rote Kaiser ist aufgestanden, und wo er geht, da wird verflucht ausgekehrt; wo er steht, erwacht Gebet; wenn er spricht, so schwitzen die Totengräber, dann friert im Wanst der Wurm – und wenn er schweigt, schmarotzt der Wurm und dem Wanst entpfeift die liebe Seele und stinkt nach warmem Darm. *Er drängt den* STEINKLOPFER *vom Sitz und läßt sich nieder.* Mach Platz für den Marsch eines müden Mannes, schaff Futter für meinen matten Magen.

FRAU *drückt sich in den hinteren Winkel des Schirmes.*

STEINKLOPFER *steckt den großen Hammer in einen Sack und kratzt im Kochtopf* Dein Wurm im Wanst wird warten müssen – so, so, der rote Kaiser – keine Bissen und Tropfen – und die Totengräber schwitzen? Daß doch der gute gelbe Kaiser diesen rauhen roten Sohn haben mußte! *Geht auf die Landstraße und sieht sich nach rechts und links um*

MANN Sagst du – »Sohn«? So gut Sohn wie der Knüppel der Sohn des Köters und der Kater der Sohn der Maus. Es ist nicht der Sohn des seligen gelben Kaisers. Ich komme, kräht er, wie die Morgenröte, und siehst du, so heißt und gleißt er rot, ich bin das Ende, prahlt er, und der Anfang, protzt er, ich bin der Letzte, kreischt er, und der Erste, schreit er – und, siehst du, so nimmt er den Namen des letzten Ersten und ist doch der Erste der Letzten. Man sagt, er war weiland ein Hausierer und hat vom Schleppen der Schachteln seine schiefe Schulter. Er hetzt durchs Land und schiebt hastig mit seiner schiefen Schulter alles auseinander. Auf Richtwegen rennt er plattfüßig durchs Reich, beißt ins Brot wie ein Hungerleider und wischt das Maul mit einem Ärmelstreich. Sein Segen zersägt uns, sein Brägen verbrennt uns, sein Hegen macht Unbehagen, sein Zahn kaut uns klein, er frißt uns auf, er schluckt uns über: Kaiserkot ist unser Sein. *Er nimmt den Topf und will essen.*

STEINKLOPFER *kommt zurück und nimmt den Sack mit dem Hammer zur Hand.*

FRAU *schreit* Hüt dich, Mann, er hebt den Hammer hoch!

MANN *fährt auf und wirft den Topf um, der Steinklopfer holt aus, der* MANN *fängt den Schlag ab, sie fliehen und lassen das Kind zurück. Der* STEINKLOPFER *sieht ihnen nach und kommt zurück zum Kind, deckt es auf, schüttelt den Kopf und schlägt die Tücher wieder zu.*

STEINKLOPFER Kaiserkot! Keine Kost für mich. Mein Wurm im Wanst wird warten müssen. *Er untersucht den Rest im Topf, versucht einen Bissen und spuckt aus. Plötzlich steht ein Mann mit einer schiefen Schulter da, greift in die Tasche und beißt in ein Stückchen Brot und wischt den Mund mit dem Ärmel ab.*

STEINKLOPFER Frißt dich wer?

DER ROTE KAISER Ich bin ein Bettelherr, bettel um eine Stunde Schlaf hinter deinem Schirm, um ein trocknes Lager für meinen Leib.

STEINKLOPFER *zeigt den Sack* Auch ein Kissen für deinen Kopf!

DER ROTE KAISER Morgen und Abend, Tag und Nacht, durcheinander gedacht, weggewacht, haben mich müde gemacht. Muß schlafen, eh' ich weiter kann. *Tritt heran*

STEINKLOPFER Gib mir Kost, so geb ich dir Rast. *Er schlägt ihn auf den Kopf, der* ROTE KAISER *fällt.* Ich kenne den hohen Bettelmeister, zwanzigtausend Soldatenbeine hast du heut an meiner Nase vorbei durch den Schlamm gehetzt. Haufen faulen, zu Kot gehäuft und im Morast ersäuft. Mit Jammer gehammert hast du das Land – ho, der Hammer hat seinen Hammer gefunden. *Er vergräbt die Leiche in dem langen Steinhaufen.* Nicht weiter tragen sollst du dein Fleisch – ich gab dir Rast, du gibst mir Kost.

Flüchtiges Volk sammelt sich und drängt sich in den Schutz des Windschirms. Der Prophet PFINGSTEN *mit seinem Diener* VESPER *und Zeitungen*

PFINGSTEN Mein Schmerz ist mein Kind, lieb wie Luft, wie heilige Hoffnung einer Frau.

VESPER Wo sitzt er denn?

PFINGSTEN *zeigt auf den Leib* Da sitzt er, wie sachte Süße drin, wie Himmel und Hölle auf einen Haufen gepackt. *Gibt* VESPER *eine Maulschelle* Weiß, wo es ist, merk dir, es ist derselbe Ort, wo der gute schwarze Kaffee anbeißt. Im Sonnengeflecht des Eingeweides, wo die verliebte Ahnung haust, im Sitz, wo das stille Bewußtsein vom Werden des Guten sich regt. Dies sein Kratzen ist wie Weiberkreißen, da will sich was gebären, da will sich was auskehren.

VESPER Mir wird ganz wehmütterlich zumute, wie soll denn der Junge heißen?

PFINGSTEN Einer heißt, wie er sich zeigt. – Genug geredet – heb an und halte dich ans hohe Wort.

VESPER *holt Blätter aus der Tasche und wirft sie unter die Menge, liest*

Der rote Kaiser gibt dem Land bekannt,
Befehl für alle Ohren, daß es gellt:
Die Menge drängt sich herum.
Es wird nach mir der Heiland geboren,
Schafft unseren Heiland, Weiber, zur Welt.
Der rote Kaiser gibt dem Land bekannt:
Gerädert wird, gevierteilt und verbrannt,
Faul oder frisch, wer einen Menschen frißt,
Mit Zung und Zähnen seine Knochen nagt,
Sein Fleisch zur Speise für den Magen macht,
Gerädert und verbrannt.
Der rote Kaiser gibt dem Land bekannt:
Wir alle werden täglich angeklagt,
Der Menschenfraß wird allen nachgesagt,
Wir alle leben von der Menschenjagd.
Der rote Kaiser gibt dem Land bekannt:

Schlimm ist, wer rotes Fleisch zu fressen wagt,
Schlimm ist, wem Menschenblut behagt,
Doch schlimmer, wer mit Vorbedacht
An Herz und Sinn der Menschen nagt,
Mit Liebe quält, mit Haß ihn plagt,
Ihm Gunst mißgönnt und Heil versagt.
Es sterben hinfort alle Frommen,
Die Gott loben für das, was sie andern genommen,
Es sterben, die für Freuden danken,
Wenn andere an Kummer kranken.
Der rote Kaiser gibt dem Land bekannt:
Gott ist im Menschen, und wer Menschen frißt, frißt Gott.
Euch wird nach mir der Heiland geboren.
Schafft euren Heiland, Weiber, zur Welt!
Befehl für alle Ohren, daß es gellt.

STEINKLOPFER So hoffet herzlich auf des Kaisers Tod.
Der blasse Heiland, nicht der rote, gibt uns Brot.
Hoch leb des toten Kaisers nachgeborner Heiland,
Glaubt mir, er starb, der Heiland ward geboren.

PFINGSTEN Du fettgefressner frecher Lümmel, es gibt keinen toten roten Kaiser. Er geht durchs Land, mager und nimmer müde, gibt Gestalt mit meisterlich mächtiger Hand dem verkrüppelten armen Land.

STEINKLOPFER *zeigt auf den Winkel des Windschirms und deckt das Kind auf* Was meint ihr, Männer, zu dem Balg des Heils? Weiber, was? Ein Bild von einem Buben!

FRAUENSTIMME *kreischend* Deck zu, deck, zu, ein Grauen geht in mich ein. Mein armes Kind im Leib ist bis zu Tod erschrocken. Ein Teufel hat es angeschaut. *Sie fällt und windet sich in Krämpfen.*

STEINKLOPFER Ein aasiger Teufel wird, wett ich, was sie zur Welt gebiert.

BASS Ersäuft es doch, das Kind ohne Namen,
Der Schreck der Zeit hat es im Schlamm geheckt,
Die Angst hat sich diese Gestalt zurecht gebogen,
Die Sorge hat sich solchen Sohn aus dem Bauch gezogen.
Die Hure Not hat ihn mit geilen Gespenstern gemacht

Und bei Gräben und Galgen aus Totensamen
zurecht gebracht.
Die Sünde hat ihn hingesudelt.

TENOR Einen Borstenbart hat's an der Backe, sein Haar ist mit ausgeschwitztem Horn verklebt. Wie Klumpen Kot stechen seine Gedärme aus dem Leib, fingerlanges Gewürm frißt an der faltigen Haut, sein Rücken ist ein Gerümpel von gebrochenen Knochenstücken.

BASS Das frischgeformte Grundübel ganz und gar, ersäuft das Elend mit dem Elendskind.

PFINGSTEN Der Baß brummt brav: das Kind ist namenlos.
Sein Biederbaß ist viel zu vornehm, solchen
Bengel zu bevattern.
Und wie der Baß, so beißen alle Bässe,
Und mit den Bässen stutzt die ganze Welt
Vor ihrer bösen Brut von einem Buben:
Ein verfluchtes Gebräu von Zufallszucht, --
Wenns nur nicht hübsch hinten herum ein
Bastard wohl,
Aber kein erbärmlicher von irgendwo,
Sondern der Allerweltssohn schlecht und recht und echt,
Euer aller Kind und Kindeskind,
Euer aller Schuld, euer aller Schande,
Euer aller aufgedeckter Schaden,
Wenn es nur nicht ihr selber wärt,
In einem Knäul und Greul von Offenbarung.

BASS Ein Versehen von tausend Vätern,
Eine Pfuscherei von tausend Müttern,
Ein Spucknapf voll von faulem Speck und Dreck,
Ertränkt das Elendskind.

PFINGSTEN Erstickt seine Erbärmlichkeit in euch selber,
Biegt den Jammer seiner Krummheit in euch grade,
Gesundet selbst von seinem Gewürm,
Macht gut an euch, was ihr an ihm getan,
Seid so gerecht, daß euch das Kind nicht gleicht,
Dann ist das Versehen von tausend Vätern,
Und die Pfuscherei von tausend Müttern vergessen,

Schafft euren Heiland, Männer, Weiber, zur Welt,
Befehl vom roten Kaiser, daß es gellt!

BASS Hundert Heilande auf einem Haufen
Müßten miteinander raufen,
Wer Heiland wird vom höchsten Grade.
Geben wir ihm einen guten Gehalt
Und Spesen werden ihm auch bezahlt –
Ich wette, er wird uns hoch beglücken
Und uns eilig mit heilenden Steuern zwicken.

DISKANT Und es wird auch wohl so klappen,
Daß wir ihm die Studienkosten berappen.

TENOR Ich bin mir Heiland selbst genug,
Hat er zu beißen, bin ich gut im Zug.
Schlüpft weißes Brot durch seinen Mund,
So bin ich munter und gesund.

PFINGSTEN Laß aber das liebe weiße Brot nicht gebacken sein aus dem geweihten Wert deines Bruders, schick nicht schmalzgewordenen Menschenschmerz durch deinen Schlund. Meide Menschenfraß!

MURMELNDER Weithin, weither weht Wort und Wind, fort mit dem Wort vom Menschenfraß.

DISKANT Stopft ihm das Lügenmaul mit Gras,
Gebt ihm Kot zu kauen,
Gebt ihm gekotzte Kost zu verdauen.

MURMELNDER Weithin, weither kein Kannibal zu schauen,
Sie leben alle wie die Lämmer auf den Auen.

DISKANT Macht den frechen Kerl fromm aus freier Faust,
Fort mit dem Wort vom Menschenfraß.

MEHRERE Fort mit dem Wort vom Menschenfraß.

Sie bedrohen PFINGSTEN. *Man hört seitwärts Schelten und klatschende Hiebe, auf einem kleinen Wagen, von einem Hund gezogen, kommt der alte* KUMMER, KOST *führt den Hund und hilft ziehen, hält an um Atem zu schöpfen.*

KOST *streckt die Hand aus gegen* KUMMER.

KUMMER *schließt die Augen und scheint zu schlafen.*

KOST *rüttelt ihn* Augen auf, Kummer, und den Sack dazu, sonst sitz, wo du sonst magst, – zu, – zahl!

KUMMER Zahl, zahl, zahl?
Ich zahl alles auf einmal,
Guter Kost, ich gab dir schon so oft –
Jede Stunde der Nacht, und jede am Tag, das laß dir sagen,
Hat mein Geld gezählt und angeschlagen,
Du bist angeschwollen, ich bin abgefallen, – soll das so weitergehen?

KOST Willst du weiter fahren, muß das so weiter gehen. *Zu den Umstehenden* Was seine Frau ist, kommt hinterher gekrabbelt. Sie mitsamt seiner Tochter hat er aus dem Wagen herausgeknurrt und gekabbelt, Vater Kummer – ja der muß flotter fahren – und dabei sparen – wie? *Zu* KUMMER Nicht gespart und gemuckst, sonst lauf wie sie. *Macht Anstalten ihn herauszusetzen*

KUMMER *gibt ihm Geld* Hab, hab, hab, du, Aaskrähe, hab!
Schluck mich über und schling mich hinab!
Kreischt Er frißt mich bei lebendigem Leibe! *Sie fahren weiter.*

MURMELNDER Fort mit dem Wort vom Menschenfraß.

Zwei alte Freunde, der Einbein DIEBITZ, *der Lahme* STIEBITZ, *kommen auf Krücken in lächerlicher Hast gehumpelt.*

DIEBITZ Ein strammer Schritt für so schöne lahme Beine wie deine. Da mach ich nicht mehr mit – – ein Stein, ein Stein!

STIEBITZ *strauchelt, seine Krücke zerbricht. Er entreißt dem* DIEBITZ *die seine und humpelt weiter.*

DIEBITZ *stürzt in den Schlamm* Gnadegroß, Gnadegroß!

STIEBITZ *kehrt um* Was – – Gnadegroß?
So wimmerte sie, so wimmerte meine Frau, wenn ihr bei mir am wohlsten werden wollte.

DIEBITZ Und auch bei mir, bei mir auch, alter Stiebitz, bei mir. Da brauchten wir die Brauchbarkeit von Fleisch und Bein nicht mit Worten zu beweisen. Auch ich war ihr der

gute Gnadegroß, ich auch! Wie tanzten wir tapfer um die Teure herum, jeder ein junger Gnadegroß in ihrem himmlischen Schoß.

STIEBITZ *schlägt die Krücke auf ihm entzwei, fällt und liegt neben ihm im Schlamm, sie balgen.*

MURMELNDER Fort mit dem Wort vom Menschenfraß, sie leben wie die Lämmer auf den Auen.

KAISER *und* PAPST *, zwei alte Feinde, kommen müde heran.*

KAISER Sieh an, Papst, wie sich die Sache sauber macht,
Grade als hätten wir die Zeit in lauter Freundschaft zugebracht.
Und haben uns doch von je nur gehetzt, gehauen und gehöhnt – –
Gelobt dein Hasenherz, gelobt dein Hilfegellen in der Nacht!
PAPST Hast mich wahrlich gut gebettet und bedacht,
Gehütet und gefüttert hast du mich,
Als ich, nichts als Jammer, Frost und Nacktheit,
Aus meinem brandgeborstnen Hause wich.
Der Rock ist dein, du hast mich vollgespickt,
Mich umgetan und angetan und brav beschickt.
KAISER Gelobt dein Hasenherz, gelobt dein magrer Mut,
Er brachte dich vorm Tausendgrimm in meine Hut.
Du hast so geil gebäht, ein Lämmlein konnts nicht besser!
PAPST Ach armer Kaiser, guter Kaiser, hin ist hin
Bist aus dem Haus gehetzt wie ich es bin.
Beide arm, beide ins Elend gedrängt,
Geplagt und gejagt, beide von Bett und Brot versprengt.
KAISER Doch deine Wolle hier, vergiß das nicht, ist meine.
Faßt ihn am Mantel
Lämmlein – hin ist hin? Ich denke, jedem das Seine.
Gelobt sei dein Geleier und meine leihende Güte,
Gab ich dir, so blieb mir etwas zum Nehmen zurück. –
Ich bin kein Frosch, Freund Papst, mich friert.

PAPST *erschrocken, reißt sich los*
An Obdach und an Ofen hast du gerührt,
Eines alten Mannes Kammer ist der alte Rock,
Mein welkes Leben weht am dürren Stock,
Nachbar Kaiser, Nachbar Kaiser!

KAISER Trumpf nicht auf mit zwei verkohlten Trümmerstätten, die Nachbarschaft von flohbesetzten Hundehütten ist golden gegen unsere Nachbleibsel. Für einen Haufen Rauch von verbrannten Häusern kannst du nichts kaufen, dein Rauch ist mein Rauch, das bleibt von der ganzen Nachbarschaft übrig.

PAPST Sturm sticht mich,
Regen gibt mir den Rest,
Kälte klemmt meine Knochen.

KAISER Jedem das Seine, dein Frost ist nicht mein Frost. Gott friert auch nicht für uns, segnet er uns mit Sachen, so mögen sie ihm im Überfluß Beschwerde machen. Er soll übertroffen werden, soll sich schämen lernen, ich will ihn ausstechen, will ihm mit Glimpf einen Schimpf antun, will für dich frieren und mein Frost soll dein Trost sein. Behalt den Lumpen auf deinem halb verluderten Leibe – verwahr dich weiter in seinen Wänden!
Doch da der Abend dunkelt, sieh Freund, es flackert was wie Unvorsichtigkeit in deinen Augen – daß die Nacht dich mir nicht stiehlt und in die Tasche steckt, *Holt ein Band hervor* o, nur ein Fühlfädchen, faß dich, Freund, daß auch ich Trost im Frost finde, und daß unser Bund nicht bricht, ein Freundschaftsband, nichts weiter als ein Wahrzeichen – *Will ihn am Arm binden*

PAPST Das tut mir gut, das trifft den Trottel recht, vergißt man Feindschaft über einem bißchen Brand, über Häuserschutt und erbärmlichem Elend? Mein Geschrei, als ich an deine Tür schlug, machte dich nicht mürbe, hat sich mit der Mühe des Matten erhoben. Schluck über, Papst, verschluck den bittern Bissen, bell in den Bauch hinein, bell leise, leise und geh bescheidene Schritte an Kaisers Halfterband. *Läßt sich binden und am Strick leiten – beide ab*

MURMELNDER Fort mit dem Wort vom Menschenfraß.

STEINKLOPFER *ruft ihnen nach* Wenn ihr tüchtig trampelt, dauerts doch ins Dorf Badendiek bis zur Nacht. Da bammeln unterm Räucherboden schockweise Würste, und schöne Schinken spicken den Speicher. Grüßt mir Schulten Friedrich, meinen Schwager und Schulten Wiesche, meine Schwester! Tut tüchtig Schmeichel in euren Speichel und lobt Hule und Hanning, mein Patenkind, da findet ihr euren Hungerheiland und speist Speck heut Abend, daß euch die Kaldaunen kitzeln *Halblaut* und sie stopfen euren Magen mit gemästeten Maden und prügeln euch pudelsatt – *Laut* Ja, ja, Hule und Hanning heißen die Kleinen.

Die Menge löst sich auf und eilt KAISER *und* PAPST *nach. Durcheinander* Das verspricht Verpflegung aus dem Vollen!

BASS Holt euch den wahren Heiland vom Räucherboden,
Gabelt seine Gnade,
Löffelt seine Liebe,
Benagt seine Barmherzigkeit,
Mästet euch mit seiner speckigen Milde. *Ab*

TENOR Hoher Heiland, der du bist der Herr
meines hohlen Magens,
Gehäuft sei das Fett im Magerfleisch,
Dein Wille geschehe, daß ich lustig lebe im
Himmel und auf Erden.
Führe uns fleißig zum Versuch guter Getränke
Und sende Erlösung uns von übler Verdauung,
Denn dein ist der Bereich und die Kraft und die
Herrlichkeit der
ewigen Gefräßigkeit
In Teufels Namen. *Ab*

DISKANT Überlauft den Kaiser mit seinem Papst. Wer zuerst grüßt kriegt die größte Gabel, wer hinten hinkt, kann an der Schwarte schaben und sich an Verdauungsdünsten laben. *Eilig ab*

MURMELNDER *eilig ab* Weithin, weither, weht Wort und Wind, halt fest das Wort vom Heilandskind.

DIEBITZ *und* STIEBITZ *kriechen im Schlamm fort.*

PFINGSTEN Man sagt, die Sonne male mit scharfen Schatten sprechende Bilder, und doch sah ich eines Pferdes Schatten, das die Sonne am Schwanz beschien, wie ein Schwein gestaltet. Vielleicht werden wir hier alle am Schwanz beschienen und unsere sprechenden Schatten spielen uns einen Spott vor. Halt fest das Wort vom Heilandskind.

VESPER Ist es klar, des Heilandrosses Vorläufer sei ein Schweineschatten, so wollt ich, Frost und Nässe seien Vorläufer von fetten Pfannkuchen. Hat der Gesalbte gute Beine, ist er ein starker Springer, lassen sich die Pfannkuchen hoffentlich nicht von ihren Vorläufern lumpen. *Alle ab bis auf den* STEINKLOPFER

STEINKLOPFER Ich habe Fleisch wie Heu und Hunger wie eine Hyäne und soll fasten? Fort mit dem verfluchten Wort vom Menschenfraß, fort mit dem roten Kaiser in den Kochtopf, mein Wurm im Wanst will leben.

Mittelstück

Dunkler Abend, helles Feuer unter dem Kessel des Steinklopfers. MUTTER KUMMER *schwer auf die erschöpfte* ELISE *gestützt*

MUTTER O Gott, dein Vater, daß dein Vater uns verlassen konnte, du Kind. Qualvoll denke ich deines Vaters Pflichtvergessenheit. So siehst du, wie dein Vater sich entehrte und siehst doch nicht, was ich einst sah – ich sage nur dies, er ist in seinem Grunde ohne Güte – so schwer es zu sprechen ist: – er ist weit aus der Gnade.

ELISE Wenn die Gnade nicht ewig wäre, Mutter! Vater ist ein Krämer, du bist eine Krämerfrau und ich eines Krämers Kind, was wissen wir aber von Gnadenverdienst und Gnadengewichten oder von den Weiten der Gnade. Was wäre Gnade, wenn nicht ein Meer, und wo könnten wir alle sein, wenn nicht gewiegt, umwellt, umwogt von lauter Gnade. *Sie sinkt vor Schwäche in die Knie.* Vielleicht vergönnt der Mann uns Platz am Feuer. *Rafft sich auf und will herantreten*

STEINKLOPFER *zeigt die Zähne* Geht weiter, Leute, bin ein Wärwolf in der Nacht, würge Witwen und Waisen.

MUTTER Eine Menschenfresserfratze!

ELISE Getrost, Mutter, der Mann gehört zu uns ins gleiche Meer der Gnade. *Geht heran* Die Güte, guter Mann, unser aller Erbe, das uns ein Irrtum abgelistet hat, macht uns mit dir zu gleichen, wahren Waisenkindern einer umgewälzten Welt. Mach bei dir einen Anfang mit der Umkehr, hilf nur die Welt vom tiefen Fall mit einem Fußbänkchen höher heben, halt nur ein wenig guten Willen her, ein Spänchen, eine Spur Willen wider den Weg ins Wüste.

STEINKLOPFER Wenn ich – warum nicht du! Was würden wohl deine feinen Finger zu dem Findling sagen? Weiß man, ob an meinem Feuer der rechte Punkt des Anfangs ist, oder beim Findling, um die Welt wieder rückwärts zu wälzen? *Deckt den Findling auf* Schau ihn an und tu ihm schön! *Zur* MUTTER Vertrau dem Feuer, daß es dich nicht frißt. Es hat die eine halbe Welt verschluckt und schläft nun aus, bis es die andere schlingt – und streichelt mans, so leckt es mit der Zunge.

Die MUTTER *tritt furchtsam heran,* ELISE *hat das Kind in den Arm genommen und hält es gegen das Feuer, stößt einen Schrei des Entsetzens aus.*

STEINKLOPFER Fort mit euch, ihr habt euch verraten, verfluchtes Volk. Ohne Güte im Grunde und weit aus der Gnade – ja, ja, einen Borstenbart an der Backe – wie Klumpen Kot stehen die Gedärme aus dem Leib, fingerlanges Gewürm frißt ihm an der faltigen Haut, sein Rücken ist ein Gerümpel von zerbrochenen Knochenstücken – seht an, so ist es, fort mit euch ins Elend – und gleicht ihr erst dem Elendskind an Elend, an Borstigkeit, Faltigkeit, Knochigkeit, Grindigkeit, seid erst Gerümpel wie es – Elendskrummheit aus und ein – daß das Grab sich grault vor euch, daß Wasser euch zu wahren weigert, wenn ihr euch ersäuft, wenn der Wurm in eurem Wanst vor Ekel fastet, dann darf ein Prinz wie der mit seiner Schönheit protzen, dann darf die Welt sich wieder aufwärts wälzen, darf einen neuen Anfang wagen – fort mit euch! *Treibt sie auf die Straße*

ELISE Nur fort! Faß, Mutter, eine fromme Freude in dich. Sterbend oder verderbend, wo überall noch sonst die Welt eng oder weit ist – wenn nur nicht hier, in der wahren Heimat der Gnadenlosigkeit zu sein.
Überall ist Gnade und hier ist ihr Grab, hier ist die Kammer, in die sich Gott zum Sterben hingelegt hat, zum Selbstmord in einem wütenden Wahnsinn, er verstümmelt sich vor unseren Augen, er verunehrt sich vor unsern Ohren – ein Spiegel der Fratze des verzweifelten Gottes ist das Findelkind. Fort, Mutter, höhne freudig Gottes Graulgestalt.

MUTTER Meine Knie brechen, Kälte krampft mich, Erbarmen mit meinem gehetzten Herzen.

STEINKLOPFER Fort mit euch, fort ins Verderben. – Stirbt Gott, so sollt ihr Krämervolk die Krankheit erben.

THOMAS *und Vater* KLINKERFUSS *kommen gewandert, ersterer die manneslange Lade mit den Puppen des Kaspertheaters auf dem Rücken.*

THOMAS Nein, durchaus kein Krähen und kein Grunzen, Vater!
Nicht Schnauze und Schnabel hat uns im Schlaf gestört.
Keine Feder, kein Vieh in tiefer Nacht,
Die wir so herrlich in dem alten Stalle zugebracht.

KLINKERFUSS Erbärmlich, Thomas, erbärmlich, zwischen leeren Lehmwänden, auf dem harten und kalten Kot der Kühe.

THOMAS Erbärmlich nur durch Gnade und Erbarmen.

KLINKERFUSS Narr, du namenloser Narr – nichts zu beißen als Bitterkeit, einen Klotz als Kissen für den Kopf, keine andere Decke als die dicke Dunkelheit – und als trüben Trost deine Tollheit, und solch Erbarmen teilten wir mit hundert andern Armen.

THOMAS Erbarmen sagte ich? – Erbärmlich ungefüge, ein ungefähr, ein hingespucktes Wort – nein, Vater, es muß anders heißen, die Nacht im Stall war eine Himmelspforte.

KLINKERFUSS *schreiend* Vergiß nicht, daß deine Vernunft meine Vernunft ist, verlierst du sie, verluderst du mein Vermögen.

MUTTER KUMMER *sinkt nieder* Hilfe – rührt die Hand für eine verlassene alte Frau.

KLINKERFUSS *und* THOMAS *treten heran.*

STEINKLOPFER Seht selbst – die Frau hat ihre siebzig, und diese Törin, ihre Tochter, treibt sie zum Tanzen an.

THOMAS *erkennt* ELISE *und steht ohne Bewegung,* ELISE *achtet nicht auf ihn, richtet ihre* MUTTER *auf.*

KLINKERFUSS *zu* THOMAS Wenn dir der stinkende Stall zur Himmelspforte wird, wundere ich mich über nichts, du Tropf. Kipp die Kasperlade, es tut mir weh in den Zähnen, daß du so zimperlich tust

THOMAS *setzt die Lade ab* Komm Kasper, sollst Kaiser werden. ELISE *blickt auf, er spricht zu ihr* Die Himmelspforte wandert mit von Ort zu Ort.

ELISE Ich faßte dich, als uns das Getümmel der Flüchtigen mit in das einsame Gehöft geschoben hatte, wie einen lungernden Haussohn bei der Hand, und gab dir einige Groschen für gute Dienste. Du danktest und dünktest dich bestens belohnt. Heut habe ich keine Groschen und auch keinen Atem für gute Worte – nichts von Himmelspforte, hier sind wir am Ort des Vergehens aller Gnaden. Fort von hier, hilf uns. –

THOMAS Fort, fort, fort von hier.
Leicht wie die Kasperlade durch die Welt,
Trag ich die alte Frau, wohin es ihr gefällt.

KLINKERFUSS Und Tod und Teufel, Thomas – Kasper und dein alter Vater Klinkerfuß? Wenn nicht du mit deinen Späßen Kasper den Mund vollstopfst, wenn du Thomas – siehst du Thomas – wenn du den alten Kasperkram von mir nicht mit frisch von deinem jungen Baum gepflückten Pflaumen fettferkelst – wenn du den Leuten nicht die hochmögenden Mägen munter machst, wenn du ins Spielfutter fürs Volk nicht Salz und Pfeffer sprengst – wo, Thomas, kümmert sich ein Kunde um ein Klappergebein wie Vater Klinkerfuß!
Mich hungert heute, mich hat schon gestern scharf gehungert, wie gerne äße ich heute eine menschliche Suppe, guter Thomas. THOMAS *nimmt, ohne auf ihn zu achten,* MUTTER KUMMER *auf den Arm.*

KLINKERFUSS Des Mannes da mit den guten Zähnen, Thomas, des Mannes Kessel riecht recht nach Kost für meine Stummelzähne. Sein gut versorgter Topf verschafft ihm den Geruch von Freigebigkeit, und wendest du die Nase nach dem Wind, Thomas, so wittert sie was für deinen alten Vater.

THOMAS Erbiet dich selbst zum Beistand, Vater, hilf ihm kochen, hilf ihm kauen, hilf ihm verdauen. Keine Macht hat über mich mein Magen seit der Nacht. Heut hat Kaspers Kunst nicht Brand und Brunst. Heut hat Ruhe Tod und Teufels Getue. *Zu* ELISE *leise* Der Zorn hat seinen Sporn schon in die Stirn gestoßen. Man muß wissen, der Wuttanz ist seine tägliche Betäubung – und wenn nicht Wut, so doch die Wonne der Unwürde, Schaugepränge und Schwelgerei in Beschämung seiner und meiner Unschönheit – und so täglich gespeist, tafelts sich froh und macht feist. *Setzt* MUTTER KUMMER *nieder*

KLINKERFUSS Keine Macht, sagtest du, hätte dein Magen mehr über dich? Laß sehen, welchen Fraß du vor deinem Vater verheimlichst, denn mit deinem Taschendiebspielen bei dir selbst, Thomas – weißt du – verstohlen vorgeholt, kunstfertig verhalten gekaut, scheu geschluckt, die Meistermiene eines sorgenden Sohnes dazu gemacht – konntest du nicht mehr für deinen Magen tun. *Greift* THOMAS *in die Tasche*

THOMAS Hagebuttenbraten und Schlehenschinken, heimlich geschlemmt.

KLINKERFUSS *wirft die Beeren auf die Erde und stampft sie in den Schlamm, greift seinem Sohn in die andere Tasche.*

THOMAS Näscherei von gequetschten mürben Mehlbeeren – alles von den Sträuchern gestreift.
Hab ich mich nicht gehütet vor jedem stärkenden Stück Hungerheil – konntest du mich bei einem Bissen Brot ertappen, war ich dich zu pflegen faul, als mir der geringe Fund fetter Happen glückte?

KLINKERFUSS *schlägt den Deckel der Lade auf, reißt die Puppen heraus und streut sie umher* Sucht mein Sohn sich süßere Sorge als um seinen alten Vater, so muß der Vater sich selbst seinen Sarg besorgen. Ihr im trockenen Sarge seid in einer sauberen und sichern Seligkeit lange genug und wohl genug dran gewesen.
Heraus du, Kasper, fortan vertrage dich mit Kamerad Klapperbein, ich verordne dich als Vormund, daß er nicht verkommt, wie er so stellenlos dasteht.
Du – ausgetriebener und durchtriebener Teufel, laß dich mit Riechwasser taufen und geh ans Gericht, da riechen sie vor dem Wasser nichts von deiner Rasse. Packt euch Puppenpack!

Kaiser, König, Knecht, Kümmeltürk und Krokodil.
Frommaul, Frechdachs, Filu, Fummelschwanz und Pfuscherhahn, *Steigt hinein und zieht Fratzen* beliebt nun auch mich zu begraben, bin im Sarg und muß mein Ruheplätzchen haben.
Sonst stell ich ein Stinken an, daß eure Nasen staunen, und spuk euch Stückchen vor, daß ihr speit.
Singt und zeigt auf THOMAS *und* ELISE
Hähnchen hupft auf einem Beenchen,
Lenchen säugt ihr süßes Söhnchen,
O du liebe Luderliese,
Lümpchen wackelt mit dem Stümpchen,
Evchen hält ein Schäferschläfchen,
O du liebe Luderliese,
Hunger macht den fetten Vater junger,
Liebe herzt ihn mit dem Hiebe,
O du lose Luderliebe.

THOMAS *sucht die Puppen zusammen* Unser Vater, Kasper und alle andern – unser Vater wird wissen, warum, warum er uns wegwirft – warum er auf uns mit dem Finger weist.

KLINKERFUSS Kasper, Kasper, Kasper Knollfink – Hanswurst, wenn mein Sohn mich schlachtete und Wurst von mir machte, es hieße nicht hübscher und nicht häßlicher an mir gehandelt. Meine Seele sitzt so oder so zwischen seinen Zähnen, ob er mich als Wurst verwesen läßt, oder meinen Geist in Gram begräbt, ist so gleich wie links oder rechts gekaut. Doch er sei so oder so gesegnet. Einmal mit mehr oder weniger Wunderwerk von falscher Freundschaft, dann mit der Tochter eines Schinders als Weib, und daß sie ihm ein Vermögen von Mängeln mitbringt, zuletzt mit einem Krüppelkind, und dessen Seele soll vor der Geburt mit Kot besudelt sein.

STEINKLOPFER Mit einem Borstenbart an der Backe?

KLINKERFUSS Mit einem Borstenbart an der Backe.

STEINKLOPFER Mit fingerlangem Gewürm in der faltigen Haut?

KLINKERFUSS Mit fingerlangem Gewürm in der faltigen Haut.

STEINKLOPFER Als Rücken ein Gerümpel von gebrochenen Knochenstücken?

KLINKERFUSS Als Rücken ein Gerümpel von gebrochenen Knochenstücken – Kunststück! Auch die Leiche eines Puppenspielers muß den Leuten Lust zum Lachen machen.

Er zieht einen Kamm hervor und macht sich eine lächerliche Frisur.

Hätte mich der Paster in der Jugend Psalmen plappern lassen, so hätte ich euch was weniger Wüstes vorgeseufzt und vorgesungen. Ich tats allein, um euch, und vor allen deinen Ohren, Thomas, keinen Kummer mit dem kläglichen Knurren meines Magens zu machen. Seid nicht böse, habe zum Schönreden zu schlechte Zähne, und nichts, nichts zu beißen.

STEINKLOPFER Sperr dein Spundloch auf, wenn dem Wurm in deinem Wanst wohl werden soll. Deine Puppenspäße haben dir Speise verdient, hast dich in die Gnade meines Kessels eingekaspert. So munde dir meine menschliche Suppe. *Gibt ihm einen Napf voll aus dem Kessel* Empfange deinen Herrn und deinen Knecht!

KLINKERFUSS *ißt* Das bringt dem bösen Bauch Erbauung, das treibt warmen Trost bis tief hinab in meine kalten Füße, das erheitert die verzagten Zehen.

Hält die Hand an die Backe, weinerlich Das Fläschchen, Thomas, mit den Tropfen für meine wehen Zähne?! *Steht auf* Habe den Mund voll zugleich von Weh und Wurst.

THOMAS Hock zum Feuer nieder, Vater, und kehr mir den Kopf handlich ins Helle, so schmeichelt sich der Schein und schleicht zum hohlen Zahn, und so – siehst du, trinkt der Zahn tröpfelnden Trost und zerschmilzt mit zahmer Sachtheit dein Weh.

Der Alte setzt sich, der Sohn faßt den Kopf und tut wie gesagt.

KLINKERFUSS Ach, Thomas, wie süß singt der leise Segen und wie schön schweigt der Schmerz. *Er umklammert ihn.* Brot und Braten meines Lebens, Thomas, bist du allein, meines

Alters Atem, Thomas! Mein Vergehen findet in dir sein Erstehen, mein Faulen wird in dir zum Heilen, wie Dung auf dem Acker als Saat vergrünt. Bist dein eigener Vater, Thomas, füllst mich voll mit dir wie einen hohlen Sack, daß ich bin, was du selber bist – faß meine Hand, versprich mir, daß du mein Alter nicht von deiner Jugend streifst, versprichst du mirs?

THOMAS Frag nach den Stücken, Vater, die wir spielen werden – sieh unsere Puppen sind parat und sollen prächtig predigen. *Sieht sich nach* ELISE *um*

KLINKERFUSS *dringender* Versprich, versprich, bewirte mich mit einem Wort, Thomas, was kostet dich der Plunder von einem willigen Wind, von einem herzlichen Hauch – – .

THOMAS Hab selber Vatersorgen, Vater, halte das Krüppelkind, das borstenbärtige, mit den fingerlangen Würmern und dem Knochengerümpel im Leibe – weißt du wohl – im willigen Herzen – so ein Kind ist ein bärbeißiger Wind von einem Wort, das haucht hart ins Vaterherz.

KLINKERFUSS Wahr, wahr, aber was darf solch ein Balg dir bedeuten; wäre es dagegen ein Wunder in Windeln, ein hergelaufenes Herrgöttchen, so wollte ich deine Sorgen segnen, solltest deinen Vater fahren lassen und des Kindes wert werden. Thomas, wahrhaftig, solltest mich wegwerfen, wie ich die Puppen verwarf.

THOMAS Nicht länger, Vater, sollen uns solche Puppenspäße närren. *Streichelt seinen Kopf* Wo das Windelpüppchen, das mir dein Segen verspricht, ebenso weit hin wie her ist, wollen wir warten, bis es uns unsere verschiedenen Wege weist, und ich Narrensohn will meines Vaters wert werden.

Er hört auf das Gespräch ELISES *mit ihrer* MUTTER.

MUTTER Sieh, sieh, so schwarz wie dieser Raum der Nacht, so schwarz scheint mir die Ewigkeit.
Läge man im Grab mit offenen Augen, man schaute in dieselbe Schwärze und schauderte vor dunkler Enge wie vor dieser undenkbar weiten Ewigkeit.
Tröstlich in hellen Tag hinein zu sterben, im Licht begraben liegen, hieße leicht das Leben lassen.

ELISE Flieh aus diesem Grab, Mutter, und du gehst in Gnaden ein.

MUTTER Nichts von Fluch, ich spreche jetzt vom Sterben. – – – Unsichtbar um dich sein, in deiner Einsamkeit dir sanften Trost entfachen, Erinnern lieb und leise leben machen, so tröstlich hoff ich noch im Tod zu wachen. Wir beide wollen immer beieinander sein.

ELISE Lieber tot, als unsichtbar ein Auge um sich wachen wissen – – nein, nein, was ich in mir verschlossen halte, das bleibt verborgen. Schrecklich zu denken, welchen Kummer du aus der Qual und Schmach meines Leibes und meiner Seele in dich sögest – ja, Mutter, ich habe Schmach in mir und kein Ungebetener darf sich erdreisten, zum Dieb mit Blicken an meinem Schaden zu werden.

MUTTER Was, Kind, weißt du von Schaden – und redest gar von Schmach – o Gott, wodurch ist dein Gemüt vergiftet, du, mein allzeit seelengutes, sauberes und sorgenloses Kind!

ELISE Glaube mir, Mutter, ich ging schon längst den Weg, den Vater ging, bin schon lange von allem Kindgehorsam gewichen, und wenns nur war, indem ich selbstvergessen schien, daß ich Scham empfand über den Schein von Gut- und Gerechtsein in unserem Leben – – mein Bild im Geist geoffenbart, würde dich erschrecken und verscheuchen.

MUTTER Nur nicht unhold höhnen, nur nicht unkindlich hadern! Hast du einst ein besseres Kind als ich, wie wirst du weinen über deiner Mutter Weh – und schämst dich nicht, so laut von Schmach deines Leibes zu sprechen?

ELISE Schmach meines Leibes? O, die Glocke läutet laut in meinen Ohren.

Mein Leib, rosig, sauber in frischem Fett, und mein vom Elternhaus gepflegtes Fleisch sind geformt von Pfunden, die Vater mir zur Nahrung gab.

Vater hat's genommen von Nächsten und Nachbarn. Die schrumpften durch unser Schwellen, und Vater verstand Rahm von der Armut zu schöpfen. Alle die feisten Fräuleins, alle gerundeten Gemahlinnen sind am gestorbenen Glück so seelengut geartet, aus dem Grab vergrämter Ge-

müter zu säuberlichem Ansehen gewachsen, durch geschlachtete Sorgenfreiheit gesegnet.
Kunst guter Geschäfte verschaffte mir die geschmückte Schmach meines Lebens: frißt der Wärwolf Witwen und Waisen bei Nacht, so haben wir's in Tagen und Jahren nicht besser gemacht.

MUTTER Ein Kind, und dieses Kindes Weihe und Wesen,
Aus Elternschimpf zur Scheuche zusammengelesen,
Du, ein Gewächs, aus Elternschlechtigkeit aufgeschossen,
Aus Muttermoder und Vaterfäule hochgesprossen,
War das der Sinn, sagtest du so: ich bin?

ELISE Ja, Mutter, und ich küsse deine abgestorbenen Füße,
Gnade umgibt uns mit unaussprechlicher Süße,
Wir beide wollen immer beieinander bleiben.
Kniet vor ihr und küßt ihr die Füße

MUTTER *stößt sie zurück* Küß einst ein Krüppelkind und erfahre die Marter deiner Mutter.

Der STEINKLOPFER *schlägt Steine,* KLINKERFUSS *ißt,* THOMAS *tritt zu* ELISE, *die vor der* MUTTER *zurückweicht. Die beiden Krüppel, Einbein* DIEBITZ *und der Lahme* STIEBITZ *kommen gekrochen.*

DIEBITZ Da wir unsere hölzernen Beine gebrochen haben, ist auch der schöne stramme Schritt zu Schanden geworden. Ohne gesunde Schinken ist kein Fortkommen im Schlamm – Gnadegroß, Gnadegroß, gute alte Zeit Gnadegroß!

STIEBITZ Schreist du Schaf nach dem alten Stall?
Zeterst dir die Zunge lahm nach der alten Zeit?
Sie kommt nicht mehr zurück.

DIEBITZ Sie, sie nicht, sie nicht, sie will nicht und sie kann nicht! Aber ich – dreh dich um im Schlamm und sieh mich, schmuck als Einbein dahergeschnauft, was für ein verpfuschtes Vorwärtskommen – ich, ich eile heim, zum alten guten Heile, zu meinem braven alten Bein, zurück zum guten Glück, zum Schnaps und Schmaus im alten Haus, hin zur hinterbliebenen Verschwundenheit – durch Schlamm zum Schoß von Gnadegroß!

STIEBITZ Wenn dein Verstand gesund geblieben ist, so ist dein Fluchen verrückt geworden.

DIEBITZ Ach was, fort zu frischem Trost an alten Tischen!

STIEBITZ Hier ist der Ort, wo unsere Beine brachen – stoß die alte Frau nicht in den Graben. Hat die Hexe zwei Beine und kann nicht traben, so gehts ihr so gut wie uns, wir drei gehören zusammen und müssen einen hübschen Haufen machen.

Drei Gruppen, links MUTTER KUMMER *mit den Krüppeln. Hinten am Feuer der* STEINKLOPFER *und* KLINKERFUSS. *Rechts* THOMAS *und* ELISE. *Der alte* KLINKERFUSS *zerrt die Lade heran, sucht die weggeworfenen Puppen und reinigt sie. Der* STEINKLOPFER *schaut neugierig zu. Die »Prinzessin« fehlt, er sucht sie vergeblich.*

STIEBITZ Na, Mutter Herzbrech, steck uns an mit Weinen,
Wir weinen uns was weis, wie das war, was wir verloren. –
Wir, wir zwei, wir hatten jeder seine fromme Frau,
Auch gute Kinder hatte uns Gott gegeben,
Wo ist das alles hingefegt, wo ist das alles hingefahren. –
Tot und auseinander gewimmelt, so kommt das mit den Jahren.
Hast du keinen Sohn, keinen Mann, keine Tochter, haben sie dich im Schlamm zu Bett besorgt und mit Schmutz deinen Tisch besetzt?

MUTTER *weint.*

THOMAS *zu* ELISE Mich schüttelt Grauen bis zum Grund, mich schüttelt Frost und ich fühle, es ist Freude, die mich frieren macht, du bist mein Weg, du bist meine Himmelspforte.
Bist du gut – das ist nichts,
Bist du schlecht – das ist nichts,
Aber daß du bist, ist gut,
In dir ist Gnade und außer dir ist Grauen.

ELISE Höre was meine Mutter spricht.

MUTTER Mein guter Mann, den hat die Finsternis falsch geführt,

Flucht und Verwirrung sind mit ihm davon,
Nur meine Tochter blieb mir in der Not.

STIEBITZ Tot?

MUTTER Nicht mit leiblichem, gottschuldigem, gerechtem Tod – sauber aufgezogen, doch sieht man nicht, wie's wirklich mit ihrer Sauberkeit beschaffen ist, das väterliche Blut in ihr verlangt nach faulen Bissen.

STIEBITZ Doch leben tut sie noch?

MUTTER Lebt und lohnt die Mutterliebe ab, wird einem Landstreicherkind Leben geben.

ELISE Hör, was meine Mutter spricht. *Sie hält sich die Ohren zu.*

THOMAS *nimmt ihr die Hände herunter*
Bist du gut, ist nichts,
Bist du schlecht, ist nichts,
Aber daß du bist, ist gut.

MUTTER Sie nennt sich selbst ein feistes Fräulein, und ihr Leib, sagt sie, wächst auf Wucher, geil aus Gräbern der Nächsten und Nachbarn.

STIEBITZ Da kann sie recht kriegen, das volle Fett meines weiland Leibes hat mir ein Wucherer, Kummer hieß der Wicht, pfundweise gefressen und wohl auch sein Töchterlein tüchtig damit gemästet. Ist sie feist, so ist sie feist von meinem Fett.

DIEBITZ Ist keine Furcht in dir, Freund, kein Verlaß, keine Frömmigkeit, keine Befremdung, keine Scham, keine Unbescholtenheit – o Gnadegroß! Ist doch die Frau selbst, des alten Kummer Frau, eine menschliche Gluckhenne – tuck, tuck, ist ihr Ton, so stach mich einst ihre Stimme ins Ohr – so in meiner Verfinsterung hörte ich sie durchs helle Haus hallohen! Komm, Kindchen, komm, kost Knackwurst und Klöße, tuck, tuck, tuck. – Und es roch frech nach fettem Futter; damals, als mir der alte Kummer über Haus und Weib und Hof und Kind kam, und ich mußte, damals in meiner Verfinsterung, denken: der wird dich fressen, und Frau und Fräulein hauen ein.
Das war die Zeit, da saß der Knochenfraß mir schon im Bein
Und nagt' wie spitzer Zahn, bald kalt wie Eis,

Bald heiß wie Brand, mild wie Messer,
schonsam wie Schnitt,
Und kroch und knirschte schon im Knie.
Sieh! dacht ich in meiner Verfinsterung, so – aha – halloh –
Nun wird das brave Bein
Gesägt, gehackt, erst grob, dann fein,
Dann fressen sie das Bein hinein,
Gesegnet solche Schmausereien.
Und dasselbe Tucktuck, diesmal im Dunkel,
Biß mich heute mahnend wie damals in den faulen Stumpel,
Da fühlt ich frisch den alten Fraß,
Der überm Beine nicht das Haus vergaß,
Kummer, dacht ich, Kummer kaut noch an den Knochen –
Und hab und hab, bei Gott, das Bratenfett gerochen,
Menschenbrühe sticht in meine Nase!
Ein gut geschmortes Bein benagt' ich mit Behagen,
So gut wie Kummers Alte tat in alten Tagen.

MUTTER Seid gerecht, Leute, bei allem guten Grund zum Bösen – seid um Gott gerecht!

STIEBITZ Gerecht ist Gericht, Mutter Kummer, aber sei getrost, wir Ungerechten, wir haben zu viel Furcht und Verlaß und Frömmigkeit und Scham und Unbescholtenheit – das setzt uns sicher ins Unrecht: Sei getrost, du bist eine Mutter, die für ihre Tochter geehrt werden soll.

DIEBITZ Das ist das geschmorte Bein der Ungerechtigkeit, in dem Fett wollen wir uns sättigen. Tuck, tuck, Mutter Kummer, wir wollen deine Küchlein sein. Bist du wieder heim, rufst du uns auch zu Knackwurst und Klöschen herein.
Dann heißt es: frischen Trost an alten Tischen.

MUTTER Ihr sollt sicher unsere besten Freunde sein.

DIEBITZ Dann nimmt uns Gnadegroß wieder in den Schoß, die Welt kehrt um, die alte Zeit ist nicht mehr weit, wir werden auf heilen Beinen tapfer tanzen. Halt sie gut in Hut, alter Stiebitz, verschmelz dein gichtiges Fleisch mit Mutter Kummers grätigem Gebein, ganz wie ich sie mit geschuppter Schäbigkeit vorm Winde wahre. Ihre krummen Gräten sind eigentlich unsere geraden Knochen, ihre zittrige Verwelkt-

heit hat unsere Jugendzierde aufgezehrt. Alle ein Fleisch und Bein zu dreien. Erbarmen ist das einzige, was von Wärme in den Gedärmen geblieben ist.

ELISE *zu* THOMAS Sieh meine Mutter, ein Stück Fleisch im dreifachen Leibe alter Feindschaft, ein Klumpen Kummer im kosenden Kot. Sie verzehren gegenseitig ihr Leid und nähren einander mit Liebe.

THOMAS So verzehrt sei unser Leid,
So genährt laß uns leben.

STEINKLOPFER *zu* KLINKERFUSS Kein Geschäft kann besser sein als deins. *Zeigt auf die Puppen* Die Tröpfe da, die dollen Dinger, sind so gut, wie du, Gottlieb, es ihnen vergönnst.
Streicht KLINKERFUSS *über den Kopf*
So hungrig wie er haben will,
So garstig wie ers gibt,
So lausig wie deine Laune läßt,
So süchtig wie du Lümmel selbst:
Krank, elend, bieder, wohlbestellt und zahm,
Lustleidig, lieblustig, luderliesig, leiblahm,
Gerade wies dir gut und giftig in der Zunge zuckt.
Ich wollte wohl – wir, wir hier, wir alle, wir und die ganze Welt wären auch solche dollen Dinger von Puppen, dann möchten uns Finken der Hoffnung pfeifen – daß es dem Herrn, dem Herrn Puppenmeister, dem großen Gottlieb, gnädig in der Zunge zuckt und heiter in den Händen juckt.
Spott mir, Gottlieb, einen Spaß daher,
Als ob Groß-Gottlieb heiter wär,
Sprich einen verdaulichen Spruch
Es gibt hernach noch Fleisch genug.

KLINKERFUSS So spiel ich am liebsten, wenn da Sattwerden draufsteht. Dann wird die Zunge leicht, dann leiht sich die Hand vom Kopf den besten Pfiff und den leichtesten Griff – *Zu* THOMAS Einen Vorspruch Thomas, Thomas, spei einen Spruch aus, zieh den Pfropfen aus der Flasche.

THOMAS Ach Vater – der Hungerhund bellt durch die Welt
Von der Etsch bis an den Belt,
Vier Bund Futter auf die Gabel

Gibt ein Pfund Butter in den Schnabel!
KLINKERFUSS Tollpatsch, halt den Schnabel!
Kasper und Tod – Kasper kaut, Tod kommt *Spielt*
TOD Schmeckt, Kasper, dir das Kummerbrot?
Kummer kaut, Kummer kaut Dreck.
Gott sprach zu mir: Mein lieber Tod,
Bring Kasper Speck, bring Kasper Speck!
KASPER Du schaust nicht aus wie ein Speckbringer!
Mit Magerkost bist du gemästet,
Dein Rippenbaum ist kahl geästet,
Wie deine Lade schaurig schnappt,
Und deine Wade traurig trappt.
Und kleidest dich in Dreck und Schimmel
Und bringst mir keinen Speck vom Himmel.
Ich fürchte, du hast den Speck selbst gefressen.
TOD Du kommst mit mir, dann sollst du essen.
KASPER Hat Gott ein schönes Schwein geschlacht,
Wurst gestopft, Schwarzsauer gemacht?
TOD In Gottes Küche kocht man gut.
Ich bin kein Koch, hab, Kasper, Mut!
KASPER Hat Gott einen so magern Küchenmeister?
Dann hat er garnichts zu verlieren,
Dann kann er keinen Speck spendieren,
Dann soll er an sich selber denken,
Und keinen Knacken Schinken schenken.
O Tod, du bist in großer Not,
Dein Augenschein ist garnicht flott,
Du bist der blühende Bankerott.
TOD O Kasper, krümme dich vor Gott,
Und Gottes Speck ist seel'ger Tod.
KASPER Der Speck, du Tod, ist ungesund,
Nimm Brot von mir und friß dich rund. *Prügelt ihn fort*
KLINKERFUSS Hab ich's getroffen, Thomas, ich sollte denken, dagegen kannst du nicht auf.
THOMAS Das verlohnt den Versuch, Vater,
Jetzt muß der Teufel traben. *Nimmt die Puppen und spielt*
Tod ist kaputt, Teufel kommt.

Kasper Kaum hab ich einen abgewinkt,
Da kommt der andre angehinkt.
Teufel Hu, Kasper, es ist kalt
Und man wird alt.
Ich weiß ein Plätzchen hinzuhocken,
Da ist es warm, da ist es hell und trocken,
Und Branntwein gibt es da vom Faß,
Brandheiß, höllisch herzhaft und nicht mal naß!
Kasper Dich kenn ich, lieber Herbergsvater, an der krummen Nase,
Und gut gepflastert ist zu deinem Haus die Straße.
Doch meine Seel ist jüngst zur Himmelspforte hingeeilt,
Mir schmeckt kein Schnaps, den sie nicht mit mir teilt.
Teufel Ach Kasper, im Himmel
Braun sie schlechten Kümmel,
Gehn wir voraus,
So findet sie schon nach zum hellen Haus.
Thomas *beiseite* Nun gehn sie zur Hölle, nun sind sie da.
Kasper Dies kann man hell und trocken heißen,
Unglaublich wie die Wände gleißen,
Und solcher Schnaps verbrüht mir meine Kehle,
Ich aber lobe meine liebe Seele.
Teufel Ruf sie mit Schelten und mit Schrein,
Sonst pustest du in Höllenpein.
Kasper In diese ganz verfluchte Höhle?
Schreit Bleib im Himmel, meine liebe Seele!
Teufel Schau, Kasper, Klau und Horn – –
Im Branntwein, der sich in dich goß,
Floß ein gekeimter Teufelssproß,
Im Bauch sprießt ein Busch von Dorn,
Der spießt dich mit Skorpionensporn,
Scheuch deine Seele von den Himmelstoren,
Eh noch die Sporen deinen Bauch durchbohren.
Kasper Und wenn ein Kropf dir wüchse vom Gegröhle,
Schreit Bleib du im Himmel, liebe Seele!
Teufel Dir wächst am Hintern gleich ein Feuerschwanz,
Dann taumelst du in einem flotten Tanz.

KASPER Dann schrei ich tanzend durch die ganze Hölle:
Bleib wo du bist, meine liebe Seele!
TEUFEL Hol her die Seele –
Kasper, hilf mir zu der Seele!
Die herrlich heitre, hohe, helle,
Das zarte Rehlein, zitternde Gazelle,
Die unschuldgroße Gnadenwelle,
Die keusche, kühlende, durststillende,
Für tausend Jahre ruhereichende Quelle,
Hilf mir, Kasper, mit deiner Seele!
Nach tausend Jahren steigt sie aus dem Höllenkern,
Schuldloser als sie war, und wird ein heller Stern.
KASPER Was? Tausend Jahre eingeteufelt,
Geschweift, gehörnt, geschändet und geschwefelt?
TEUFEL So stehn viel Sterne an der höchsten Stelle,
Benedeite Gnadengeber aus der Hölle.
THOMAS *schaut sich nach* ELISE *um* So steht Kasper am Kreuzweg und zweifelt. Gib ihm einen Fingerzeig auf den rechten Weg.
STEINKLOPFER *packt die Kasperpuppe und zerschlägt sie auf dem Stein*
Der Hund zweifelt? Schlagt ihm den Schädel ein!
So ein schlauer, schäbiger Schuft –
Halt fest das Wort vom Heilandskind – –
Kommt alle her, ihr sollt alle satt werden.
DIEBITZ Das klang wie ein Ton aus der lustigen alten Zeit.
Da rief man uns zu Tischen, wogegen diese lausige junge Gans, diese schnatternde Gevatterin neue Zeit uns nur noch, wo von Tischen die Rede war, davon verscheuchte.
Komm, komm, Mutter Kummer – sind zu Knackwurst und Klößen eingeladen.
MUTTER Kann ich, krank und kümmerlich, eines solchen Menschen Speise genießen? Mir ist bei seinem Anblick, als sollte ich selbst gegessen werden.
DIEBITZ Ach was, unverzagt verzehrt, was er uns verehrt! Dein Magen war früher kein Verächter von Menschenfleisch, erst hast du uns verspeist, nun speisen wir zusammen

– mich sticht Menschenbrühe in die Nase – und wär' es Menschenbrühe, sei gescheit, es ist nicht anders als in alter Zeit.

STIEBITZ Vielleicht hat er auch die Schnattergans, die Gevatterin neue Zeit im Topf, desto besser soll es uns behagen, desto gründlicher soll ihr von uns davon geholfen werden.

MUTTER Kein Tisch, kein Tuch, kein Stuhl, kein Teller, keine Tassen, keine Gabel!

DIEBITZ Den Unterschied wollen wir verschlucken. Ob Porzellan, ob Tischtuch und fette Sauberkeit, gepflegte Gefräßigkeit war häßlich auch in alter Zeit.

Sie ziehen MUTTER KUMMER *zum Feuer.*

STEINKLOPFER Helft dem Wurm im Wanst,
helft dem Heilandskind!
Hebt die Hände und helft, das Heilandskind,
Des toten roten Kaisers Keim,
Die unschuldgroße Gnadenwelle,
Die tausend Jahre ruhereichende Quelle,
Helft die hohe helle Seele
Aus dem Himmel in die Hölle beten.
Hört das Wort des roten Kaisers:

Er teilt aus, indem er Fleisch auf dem Haustein verschneidet.

Helft der Welt sich rückwärts wälzen,
Der Heilandskeim ist aufgebrochen, zerschlagen sind des roten Kaisers Kochen.

Sie essen, THOMAS *und* ELISE *stehen abseits.*

DIEBITZ Er betet wie ein Bullenbeißer und die Knochen knacken dazu zwischen seinen Backen. Frisch und fromm drauflosgefressen. Zitterst du, Mutter Kummer? Zäh ist der Braten, gallertglitschig wie das geschmorte Fleisch eines geschundenen Schuldners. Schnappst du diesen Happen, Mutter Kummer, dann denk dabei an alte Zeit, da ihr im hellen Hause noch ungeschrumpft mein frisches Fleisch gekostet habt und das süße, samtne, leckre meiner lieben Kinder.

Hatte damals noch nicht so viel gelitten, wie die fettlose Faser dieses Schuldners. Denk daran und ich wette, das Herz wird dir weit. *Kräht*
Im Wahn der wohlgewohnten alten Zeit. Schmeckts?

STIEBITZ Stör sie nicht, Diebitz! Sie kaut, wie das bei Kummers Herkommen ist, ihr Zahn kriegts klein und zankt sich nicht mit dem Schlund wegen mein und dein. Kummerzahn und Kummermagen gehören zur gleichen Familie und vertragen sich ohne viel zu sagen, sind gut eingespielt auf gegenseitige Gedeihlichkeit, da siehst du den Vorteil einer gut gefingerten Familienzucht, da kannst du lernen, Diebitz. – Daß die Nase dazu weint, braucht dich nicht zu wundern, der Tropfen ist gut und ölt den Fladen.

ELISE *verhüllt ihr Gesicht.*

DIEBITZ Verlaß dich drauf, es flutscht, wie in der guten alten Zeit.

STEINKLOPFER *zu* KLINKERFUSS Gib mir Bescheid, Gottlieb, ob dies seine grade oder seine schiefe Schulter ist.

KLINKERFUSS Wo krieg ich einen neuen Kasper her!

STEINKLOPFER Kasper und Kaiser haben sich brav gehalten, Gottlieb, aber am Ende, am Kreuzweg, wie die Welt sich wälzen wollte, da wußten sie nicht weiter, da – *Er zeigt seine Faust* da duckte der dicke Donner auf!

KLINKERFUSS Wäre der Kaiser verdorben, ich hätte Brot behalten, aber kein Kasper keine Kunst, keine Kunst keine Kasse.

STEINKLOPFER Auf die Keime kommt's an, Gottlieb, der Kaiser, den ich meine, nicht deiner, hat gekeimt, darum kau und sei getrost. Ist das seine schiefe Schulter, die du schlingst, oder seine grade?

KLINKERFUSS Schinderschnack! Es schmeckt nach einem Hammel, der mit einem Ziegenbock gehurt hat, der Speichel im Munde wird mir tranig.

STEINKLOPFER Friß, als wärs für dein Leben, schaff die schiefe Schulter aus der Welt, führ ihn auf den Weg der Verdauung, fort mit dem Vorläufer durch die Magenpforte, fort mit der schiefen Schulter, fort mit dem Wort. Kaiser ist tot, Kaiser wird Kot – bete! Sieh nicht so verstutzt um dich, bete für ihn um eine selige Verdauung in deinem Bauche. Hast du gebetet?

KLINKERFUSS Ich weiß nicht mehr, wie man es macht.

STEINKLOPFER *reißt ihm den Hut vom Kopf und hält ihn ihm vors Gesicht* Faß an deinen Deckel, Augen zu, Mund auf – laut, Gottlieb, Gottlieb, laut: Gedankt sei dem dicken Donner – laut!

KLINKERFUSS *eingeschüchtert* Gedankt sei dem dicken Donner.

STEINKLOPFER Schenke ewige Ruhe – bet!

KLINKERFUSS Schenke ewige Ruhe –

STEINKLOPFER Der schiefen Schulter – bet!

KLINKERFUSS Der schiefen Schulter.

STEINKLOPFER Sende die tausend Jahre ruhereichende Seele – bet!

KLINKERFUSS Sende die tausend Jahre ruhereichende Seele –

STEINKLOPFER Vom Himmel zur Hölle – bet!

KLINKERFUSS Vom Himmel zur Hölle –

STEINKLOPFER Nun ein Kreuz übers Grab geschlagen!

KLINKERFUSS Wo gibt's hier ein Grab?

STEINKLOPFER Begraben in deinem Bauche – ein Kreuz über deiner Weste gefingert!

KLINKERFUSS Es sitzt mir wie Jauche im Bauch.

STEINKLOPFER Jauche düngt, desto doller keimt das Kind.

KLINKERFUSS Was hat das wüste Wort von der schiefen Schulter zu bedeuten?

STEINKLOPFER Bist du besessen? *Schlägt ihm auf den Magen* Muß ich sie noch im Grabe umbringen? Kann sie's Hausieren nicht lassen? Machst eine Miene, Gottlieb, als wolltest du brechen, aber bedenk dich wohl, stößest du sie heraus, stopf ich sie wieder rein. Sie ist sozusagen von Haus aus, vom Hausieren, gebogen, aber von Natur aus bestimmt zu brechen, bersten zu machen, den Bestand zu stürzen, den Halt zu bewegen. Mault sie noch einmal, kann sie's brechen nicht lassen aus dir, bellt aus dir hervor, denk doch, der dicke Don-

ner wird ihr bald die ewige Ruhe besorgen – o was, guter Gottlieb, bang dich nicht um deinen Bauch –
Wälzt die Welt sich um und wählt sich bessern Gang,
Sind geborstne Bäuche im Wege ohne Belang.

THOMAS *zu* ELISE Sieh, wie sie sich mit Ekel sättigen.

ELISE Ich wills nicht sehen.

THOMAS Du mußt, wir müssen wissen, wessen Kinder wir sind, *Nimmt ihre Hände vom Gesicht* Quellen müssen fließen, Gnadenwellen sich ergießen – aus dir!

ELISE Puppenspieler dürfen von tausend Jahren sprechen, deine Worte springen vom Himmel zur Hölle, Puppen spazieren durch spannlange Zeit und Ewigkeit, und gespielte Gecken bringen Gnaden – Fäuste voll getragen, du bist auch einer von den Gecken mit großen Gütern in der Hosentasche. Ich Gnadenquelle brauche selbst Gnade um zu springen – wenn das Meer vertrocknet, müssen die Quellen verdursten.

THOMAS Du bist der Weg, du bist die Pforte. Mein Weg meint nicht mehr als das. Der Gang, der Guß, das Geschehen der Gnade geht durch dich, du bist die Tochter eines Wucherers gewesen, aber du wirst vielleicht Mutter eines Gottes werden – Mutter – eines – Gottes!
Ich bin ein Puppenspieler, sagst du, mein Sein sei Thomas der Puppenspieler? Du lügst – gewesen, gewesen. Thomas der Puppenspieler ist geborsten, Thomas der Andere ist geboren, Thomas der Neue wird sein – sieh, wie sie sitzen und mit Ekel essen, so sieh auf dich selbst, sieh auf mich mit Ekel zurück, fort mit allen Hüllen. Laß uns genesen vom Gewesen.

ELISE Thomas der Neue ist ein Thomas Redegut, er sollte bersten und ein Thomas Tugut sein – sieh sie sitzen, so stehen wir ratlos dabei – sie sind voll von ekler Erfüllung, wir sind leergelaufene Fässer, unsere Tüchtigkeit ist taub und unser Wert ist wie der von weggeworfenen Puppen. *Sie bückt sich und hebt die liegengebliebene »Prinzessin« mit Krone und Schleppe, besudelt und verknittert, auf.* Wir strotzen von gleicher Schmach, arme Vergessene – wir sind uns ähnlich, verlöscht und erkaltet, Verworfne, in deinen verschmutzten Prachtfalten – wie ist unser Wesen verweht und verkrümmt, du ohne Stimme, die dich reden heißt, ohne Hand, die dich handeln läßt.

THOMAS *greift die Puppe, schiebt die Hand hinein, läßt sie sich aufrichten und lebendig scheinen* Aber eine Hand wird in uns fahren und eine Stimme wird uns handeln heißen. Wir werden erfüllt werden wie sie, die da sitzen, aber nicht mit gefundenem Fressen, nein, mit geschöpftem Schicksal.

Geborsten und neugeboren wie die Pracht der Prinzessin werden wir sein,
Verworfen und neu erkoren,
Gestorben und neugestaltet,
Verwest und frisch gewaltet,
Veraltet, erkaltet und wieder entfaltet werden wir sein,
Verlöscht und entfacht,
Vergessen und neu gedacht,
Gekrümmt und wieder gegradet,
Verstoßen und begnadet.
Streift die Puppe ab und wirft sie ins Dunkle
Aber keine Puppenspiele, keine Puppenworte mehr –
Du bist der wahre Weg und du bist die wirkliche Pforte.

ELISE Und doch bin ich nicht wie sie, keine Hand kommt mich zu hindern, daß ich höre, keine Stimme mahnt, meine Augen abzuwenden – sieh wie sie sitzen und sich mit Ekel sättigen –

Ehe sie ausgesprochen, erscheint ihr gegenüber als wahre Ungestalt, in zerrissenen Kleidern, blutend und hinkend der alte KUMMER, *winkt und verlangt gleichsam drohend Hilfe.*

KUMMER Komm Kind, erkenne deinen alten verlorenen Vater. Kost hat mich ausgeplündert, Kost hat mich ausgepowert, abgeschmissen und kahl gerissen, verwundet und geschunden. Nasse Lumpen auf dem Leib, nichts als das liebe Leben hat er mir gelassen.

ELISE Mir war, als stände ein Mörder vor mir, ach, mein gemarterter Vater, daß du nicht mit fremdem Blut beschmutzt bist, sei Gott Dank! *Eilt zu ihm und führt ihn näher, wischt sein Blut ab*

KUMMER Hähä, es mag wohl ein wenig von Kost seinem Blut dabei sein, wir haben nicht schlecht gebalgt, er hats bezahlt, mit Blut bezahlt, daß *Weinend sich auf seine Tochter lehnend* ein braver Mann gehen muß und betteln.

ELISE *weicht zurück.*

KUMMER Oho – das kür'sche Kind des reichen Kummer – sieh, sieh, sie will selbst nicht betteln, bildest dir ein, du bist nicht auch beraubt und ausgebeutelt? Zier dich nicht, bist so ausgezogen wie ich, bist bloß und ausgebalgt – mein blankes Bettelkind, küsse mich.

ELISE *halblaut* Fremdes Blut – ach Vater, fremdes Blut. Kann nicht küssen, ich schmecke den Leib, der sein Blut auf dir gelassen hat.

KUMMER Kannst Kost nicht küssen, gutes Kind? Hast ganz richtig gerochen, hab ihm hart in die Hand gebissen und was da klebt und tropft, ist aus Kosten's Fleisch geflossen, *Sinkt hin* mir hat's so gut geschmeckt, als hätte ich seine Schmerzen geschluckt, als hätt ich einen schlechten Schuldner verschlungen.

MUTTER KUMMER *ist herangekommen, betastet und umarmt ihn* Alle Glieder gesund, guter Gott, sei gelobt, deine Gnade ist groß!

DIEBITZ Gnadegroß, Gnadegroß!

KUMMER *setzt sich aufrecht* Da hat eine Glocke aus der alten Zeit angeschlagen – das klang wunderlich weit her aus alten Tagen.

MUTTER Ja, Vater, unverdiente Freundschaft und vergessene Feindschaft – es ist lange Zeit her, daß die beiden Männer Herrn auf ihren Gütchen waren.

DIEBITZ *zu* STIEBITZ Eine geduldige Zeit und doch die verschuldeten Herren heruntergeschmissen von ihren bockigen Gütchen – hör, du Hammel: Herr! – Herr rauf – Herr runter! Ach, nun nötigt uns niemand wieder herauf zur

Herrlichkeit – Ist der alte Kummer selbst, und seine Herrlichkeit scheint nicht schlecht in den Schlamm gerutscht zu sein.

KUMMER Freunde, sagst du, Frau? Geh weit aus dem Weg der Freundschaft, halte dich fern vom Freund, so sparst du Verdruß und Verlust. Hör ich recht, kenn ich den Klang, so könnens nur Diebitz und Stiebitz sein – und du läßt was von vergeß'ner Feindschaft verlauten?

MUTTER KUMMER *betastet und reinigt ihn* Sie haben mich mit ihrem Leibe gewärmt. Als unsere Tochter mich in Elendskälte kriechen ließ, haben sie meine Erbärmlichkeit zu stillen ihren Jammer nicht geschont. Vergessen in alten Kummer geschenkt. Mann, Mann, das Futter ist zerfetzt – der Mantel ist mehr Flick als Stück, aber heil, Mann, ist die Hintertasche, der gepolsterte Rücken. Halt die Hände hoch, daß meine Finger feiner fühlen – oh, Mann, das volle Polster – du weißt, was für ein Futter ich zum Fettmachen deines Mantels hatte – wir sind noch reich, Kummer, Kost hat wohl geschält aber nicht gekernt!

KUMMER *legt seine Hand auf ihren Mund* Ich weiß, ich weiß, straf dich Gott, schweig still, schweig still. Kost hat gestümpert und – ungeprahlt – ich habe mit Faxen nicht fauler wie mit Fäusten für mein Fettpolster gefochten, den Rücken recht in den Morast gerutscht, und die Hände mit Husch und Pfusch in die Seitengründe meiner Goldgruben gefahren, dazu einen Triller unter die Taler geteufelt, daß seine Augen und Ohren vor Dummheit über die fetten Pfunde stolperten und forsch auf meine mageren Vordergründe stießen. *Tätschelt sie* Wir sind reich, wir sind reich – aber – einen Deckel drauf, einen Dunst drum, sieh, sie stecken die Köpfe zusammen die beiden, sie putzen ihre verschimmelten Pfiffe, und besonders das rotzige Einbein hat unsere Reste gerochen.

MUTTER Ach Mann, hätte ich mich in meiner Not verplappert? Hab' ihnen Platz an unserem Tisch versprochen, hab' herzliche Redlichkeit wie heiligen Zins auf alte Feindschaft empfangen.

KUMMER Gut, gut, sie sollen Freundschaft finden, auf Faxen ist festerer Verlaß als auf Fäuste. *Steht auf und hinkt mit seiner Frau zum Feuer* Ich habe bitten gelernt, gibt's noch einen brüderlichen Bissen für einen, der nun betteln muß, ihr alten Kunden?

STIEBITZ Ja, ja, das ist der stolze Stiebitz und der dolle Diebitz. Alter Kostgänger, komm heran. Klapperbein hat deine Polster geklopft, Klapperbein hat deinen Schopf gerupft. Was haben dir dabei deine Faxen und Fäuste geholfen! Jedoch – gezähnt bist du wie in der alten Zeit – und besser. – Dein Freßgeschirr ist ungeprahlt gediehen, es scheint, Klapperbein hat dir sein Gebiß geliehen.

KUMMER *setzt sich zwischen sie* Hab' immer guten Grund gegen das Zahnziehen gehabt – gute Zähne, gute Gründe. Und dann – der Magen macht sich wie in alter Zeit – Allzeit bereit, allzeit bereit!
Hat euer Hunger einen Brocken zur Probe gelassen?

DIEBITZ Magere Vordergründe, Freund. Ziehig, faserig, zäh – wie aus der alten Zeit.

KUMMER Dank Freund, Freundschaft dankt für fade wie fette Happen.
Doch sprechen wir schon von alter Zeit, so hielten sich die fetten Happen damals in den Vordergründen, und die faden fanden kaum Finder.

STEINKLOPFER Wenn ihr nun fromme Leute wärt, fräßet ihr, was euch Gott beschert.

STIEBITZ Riech nur, riech den Rotz eines Einbeins aus alter Zeit, verzehr die fetten Reste eines Schuldners! *Gibt ihm Essen*

KUMMER Guter Freund, deine Späße sind tüchtig gepfeffert und scharf geschmort. Unter Freunden fragt man nicht viel, ob frisch oder faul – guter Freund, guter Freund! *Beißt ins Fleisch*

DIEBITZ Frischer Trost an alten Tischen, guter Freund!
Sieh, Stiebitz, der Zahn des Wucherers in Tätigkeit,
Genau so gierig wie in alter Zeit.
So knirschte und knackte es in meinen Knochen,

So haben die Reste meiner Kinder gerochen,
So hat's – ungeprahlt – auf unsere fetten Pfunde losgestochen,
So hat's meisterlich Leiber und in den Leibern die Luft,
Fett und Mager und Saubersein,
Kopf und Kragen und Behagen,
Leber, Lenden, Nieren und alles arme Zieren,
Sack und Pack und Wohlgeschmack,
Und alles Zagen und Sagen,
Mutter, Kind und alles muntere Mein,
Meisterlich und ungeprahlt, kleingemahlt,
Guter Freund, guter Freund,
Friß, Friß und vergiß.

STIEBITZ Er hat den Mund so voll, daß die Soße ihm durch die Augen schwitzt, er kann den Takt deiner Tischgespräche nicht mittraben.

DIEBITZ *greift in den Kessel* Wie wäre es wundervoll und wohlgetan, wenn vom Fressen auch die Gefressenen fett würden. Sieh, das ist ein Fetzen von meinem lieben kleinen Friedchen. Fadendünn und federleicht vom Fraß unseres guten Freundes, sieh hin, sieh hin, es war nie gescholten und gut wie ein unschuldiges stilles Geistchen.
Aber sie starb am Wucherfraß, ausgezehrt und abgeschwert. Schwand und verging, brav und beflissen wie ein Leckerbissen. Im Fieber gesotten, vom Keuchen knusprig,
Vom Husten gehackt,
Von seiner fressenden Faust auf die Gabel gesteckt
Und als aufgetischtes Täubchen hingeschleckt – –
Leiernd Und da die Zeit erfüllet ist, die alte Zeit auf Erden,
So soll der alte Tisch gedeckt mit alten Schüsseln werden.

KUMMER Husch, husch, Gespenster und alte Zeit!
Seht meine Weste; bis Kost sie mir umkehrte und das Futter verzehrte, war sie ein Musterwesen von einer Weste, ich knöpfte sie gegen Schluß der Mahlzeit von unten an auf, so ein Stücker drei bis vier Spannen hoch, das war ein Brauch in alter Zeit und eine ehrenvolle Bequemlichkeit für meinen Bauch – – doch jetzt hängt's heillos hin und hat ein Stücker

drei bis vier Lotterlappen als Lumpenzierde für meine bauchigen Reste – nichts mehr mahnt an alte Zeit, vergiß die alte Zeit Freund, vergiß, sie ist in Ehren verschlissen wie meine Weste!

STIEBITZ *klopft auf seinen Rücken* Aber dein Rücken ist aufgebaucht, da hat die alte Zeit ihre Reste hinaufgerettet, *Befühlt ihn* festes Fett, feistes Futter, nicht gefaxt – zwei Gütchen oder ein verschlissenes Gewissen auf einem goldenen Kissen. Vergiß nicht, Freund, vergiß nicht – sei kein dummer Vater Kummer, keinen Deckel drauf, keinen Dunst drum! *Zu* DIEBITZ Wir sind reich, wir sind reich!

DIEBITZ *schlägt* STIEBITZ *auf die Finger* Langen deine Finger nach seinem Fraß, willst du Gefressenes nachkauen, soll Friedchens Bein und Gedeihn von dir verdaut werden, willst du Friedchens mageres Pfündchen mit deiner fressenden Faust fassen? Weg die Hand, laß das Lungern auf Friedchens mürbe gemarterten Leib – Sieh, so sah es aus: Friedchen ein Fetzchen! *Zu* KUMMER Behalt deinen Talg und deinen Balg, behalt dein aus Gräbern geaastes Geld.
Kräht Und tappt die alte Freßbegier hervor mit
frischen Händen,
So soll das neue Friedchen hier aufs neue fröhlich enden.
Schwenkt den Fleischfetzen vor Kummers Nase
Friß, friß, Vater Kummer,
Beiß ein bißchen –
Friß Friedchens mageres Pfündchen!
KUMMER *scheut zurück.*
Wein nicht, Friedchen, kratz nicht Kindchen,
Das ist doch der liebe Weihnachtsbumann
Mit dem weißlackierten Särglein,
Mit dem saubern Totenhemdchen,
Der Onkel mit der schönen Grabschaufel,
Der will mit dir Purre-purre spielen, Püppchen.
Er schlägt KUMMER *ins Gesicht.*
Aber das Kind kennt Vater Kummer nicht,
Und das Kosen mit den weißen Knöchlein
Und das Kitzeln an den roten Ripplein

Mit den blanken Beißzähnen –
Er spielt Wolf und würgt wacker dein Wänstchen
Und birgt dich warm in seinem Wackelbauche,
Das schmeckt ihm dann wie so ein Schäfchen schmeckt.
Aber dem Kind schmeckt es wie scharfer und
schauriger Schmerz,
Nein, wirklich, es weint, es kratzt – schwapp!
Er peitscht sein Gesicht.
Schmausen, schmausen, daß die Ohren sausen
Bei den vollgepackten Backen,
Guter Freund, guter Freund, mach ein Ende
mit ihren Schmerzen,
Schling, schluck, beiß und zerreiß –
Er stopft ihm den Fleischfetzen in den Mund.
Meine Hände helfen kauen,
So, aufab, abauf, aufab, abauf,
So gibts ein Grab, so gab es Gräber,
Und der Magen spricht: allzeit bereit,
Gerade wie in alter Zeit.

KUMMER *kaut,* ELISE *greift mit den Armen um sich und umklammert* THOMAS.

Schluß-Spiel

Die Vorigen, PFINGSTEN *und* VESPER *kommen gewandert.*

PFINGSTEN Niemand hört, niemand kehrt sich an des roten Kaisers Wort.
Heiser gehusteter Vesper, keuchender Puster,
Heb an und halte dich ans hohe Wort,
Dies ist die letzte Stunde und der letzte Ort.

VESPER *heiser* Die Ohren dieses Ortes hab ich schon einmal vollgeschrieen, der Ort ist so voll von des Kaisers Wort, da ist kein Platz, weder zu posaunen noch zu pusten. Ich fühl förmlich: voll zum Platzen. Es erstickt mich, als säße ich in einem vollen Fasse und ersöffe in meinem eignen Basse.

PFINGSTEN Ist der Ort voll, so sind die Ohren leer.
Füll die leeren Ohren voll mit neuer Lehre,
Es sind die letzten Ohren und das letzte Wort.

VESPER *gurgelnd* Der rote Kaiser gibt dem Land bekannt:
Es wird nach mir der Heiland geboren,
Schafft unsern Heiland, Weiber...

Er schüttelt den Kopf, die Stimme schlägt über. Ein Schwarm von Hungrigen, die am Schluß des Vorspiels nach Badendiek aufbrachen, stürmt herein. KLINKERFUSS, KUMMER, MUTTER KUMMER, DIEBITZ *und* STIEBITZ *verschwinden in der Menge.*

EINER Sucht ihn, sucht! Ein Klappern mit Steinen, aber keine Stimme.

MEHRERE In Stücke den Kerl mit der steinigen Stimme!

EINER Sucht! Ein Sack mit Säbeln, ein Beutel voll blanker Scherben – aber kein Mund.

MEHRERE Schlachtet den Mann mit dem Maul voll blanker Scherben!

EINER Sucht! Ein Bündel Bast, aber kein Bart.

MEHRERE Brecht die Beine des Mannes mit dem Bastbart!

PFINGSTEN Friß, Pferdchen, friß, beiß, Bello, beiß!
Trost ist im Trog,
Futter ist im Faß,
Friede ist im Fraß!

BASS *zeigt auf* PFINGSTEN Das ist der Mann mit dem verfluchten Sack voll Flöhe, die er dem roten Kaiser abgefangen hat.

TENOR Ein Quellstern des Lichts in der Finsternis.

DISKANT Und der Qualster seines Mundes heißt Menschenfraß.

PFINGSTEN Henkt euren Heiland, eh er euch geheilt!
Gabelt seine Gnade,
Löffelt sein Leben,
Macht Wurst aus Geist!

MURMELNDER Heil', Herz, und hoff', das Wort ward Stoff,
Aus Geist wird Wurst, aus Wind wird Aas,
Fort mit dem Wort vom Menschenfraß!

BASS *zeigt auf den* STEINKLOPFER Dies ist der Mann, der mit Worten unsern Wanst füllte und uns den Heiland unseres Hungers verhieß.

TENOR *zeigt auf* PFINGSTEN Dies ist der Mann, dessen Wort und Wind uns mit Heilandshoffnung anhauchte.

DISKANT Gabelt sie, löffelt sie, ludert sie!
Gebt ihnen Gnade ins Genick,
Macht ihr Leben kurzweilig.

MURMELNDER Hungerheiland – Heilandshoffen!
Sperrangelweit sind Tür und Tore offen.

Man fällt über die Reste des Kessels her, schlägt sich darum und entreißt einander die Fetzen, Wollustlöhnen der Schmatzenden.

MURMELNDER Hört Seufzer holden Glückes
hauchen, *Jauchzer*
Hört den Gruß aus Hungerheil,
Hoch hebt den geilen Schall der Hahn im Stall
der Morgenröte.

SAUERBREI Mein Bauch wird schwanger wie ein Weib von

dem Stück Fleisch, das in mir steckt, ich möchte einen Sohn in die Welt werfen und ihn Hungerheiland heißen.

FETTING Wenn das so gut anschlägt, so wollt ich, du gäbst es wieder von dir. Schick heraus, was du geschluckt hast, ich will's würgen und versuchen, wie's Sattsein tut, daß ich am Ende auch schwanger werde.

SAUERBREI Das gäbe eine schöne Verschwägerung und wenn die Art, Heilande zu werfen, Mode würde, so hätten wir bald die Welt voll von solchen Wichten. Wo soll das hinaus – hier ein Heiland, da ein Heiland, einer macht sich wichtiger als der andere. *Spuckt aus* Da hast du meinen, wenn er mehr kann als Worte machen, so soll er sich nun selbst weiterhelfen, von mir aus mag er mündig sein. Ausgespuckt oder geboren, einer ist so gut wie der andere.

FETTING Und dann kommst du dem Heiland des roten Kaisers in die Quer.
Nach mir – hat er verkünden lassen, nach mir – hat er in die Winde geblasen,
Nach mir – so läßt er durch die Gassen fetzen,
Nach mir – so läßt er in die Massen hetzen,
Nach mir – das heißt er meint: wenn er ein Mann von guten Jahren, des Kaisers rotes Selbst und roter Saft,
Ist ausgeblaßt und abgefahren,
Ist ausgespuckt und weggeschluckt und abgeschafft.
So sagt er von sich. Bis dann ist lange Zeit zu bangen!
Und wer dann kommt, wird auch kein Springinsfeld sein.
Darauf verlaß dich, und wird sich verständig von vorn und hinten sein Geschäft beschauen.
Und bis er wirklich angefangen
Bleibt uns lange, lange, lange Zeit zu bangen.

SAUERBREI *sinkt nieder* Fetting, so wahr ich lebe, ich sah einen Blitz durch dich gehen, so wahr ich bin und bleibe, es war ein anderer in deinem Leibe, durch deine Gestalt ging eine Lichtgewalt, Fetting, du warst eine Lücke, ein Loch, ein Spalt, und durch das Loch fuhr ich hin, und wo ich war, da war die wohlbestellte wahre Welt, die neue Welt und doch die alte Welt, die Zeit, die kommt, und die, die war – der

Heiland stand in unserer väterlichen Gartenlaube am weiß gedeckten Tisch und schärfte unser altes Bratenmesser, schnitt Scheiben von der Kalbskeule und sah aus wie mein Großvater. Stand und horchte mit tauben Ohren, und sagte: wenn das die Kirchenglocken sind, dann ist die Predigt aus und sie kommen alle nach Haus. Aber die Sonne fiel schräg in die Laube und der Bratendunst wallte im Licht. *Steht auf* Teufel, was hast du mich erschreckt, du alberner Affe.

BASS Die Zeit rennt wütend wie eine hungrige Wölfin: find hin, find hin, find, find, find hin, find hin. Am Meilenstein hebt sie das Bein, hetz hin, hetz her, – hopp – hopp – hopp hin, hopp her.

STEINKLOPFER Und säuft aus der hellen ruhereichenden Quelle, Kasperseele, Kasperseele! *Streckt die Arme aus* Fegt den Ruß vom Himmel, daß die Seele sieht. – Will sie kommen – sei willkommen, benedeiter Gnadengeber in der Hölle.

Tonlos Hört alle gut her: der rote Kaiser ist tot.

Laut Schaut euch um, Leute, schafft eine Lücke, einen Spalt, ein Schlupfloch aus der Falle, einen Schleichweg aus der Hölle – keine Schlafstelle ringsum fürs müde Hoffen?

MURMELNDER Sperrangelweit stehn Tür und Tore offen.

STEINKLOPFER Heult und helft des Heilands Herz erweichen, heult auf zur hohen Himmelspforte. *Zu* SAUERBREI Du, Bruder, bist unser Postillon, du kennst die Schliche und kannst dich durch Spalten und Lücken drücken, du riechst den Richtweg und knallst mit der Peitsche vor der hohen Pforte, und springst vom Bock und hebst den Hut und hältst den Kutschenschlag, wenn der hohe Herr Heiland tritt mit Zylinder und im Bratenrock, eine silberne Krücke am Stock, selbsteignen lieben Leibes aus der Ewigkeit, – und vielleicht fragt: Es ist wohl hohe Zeit? Dann steck du, Bruder, im heiligen Schreck deine Nase in den Dreck. So! *Faßt ihn im Genick und staucht ihn zu Boden* Und aus deinen Ohren durch die Kraft der gnadenvollen Worte sprießt ein Veilchenstrauß. Und wenn er noch steht – dann hältst du deine beiden bloßen Hände unter seine Füße, dann will er wissen, was für ein greuliches Gehäuse die Hölle sei, was für ein brühendes Brandmal im Gesicht der Meister Menschenfresser hat, was für eine Art von Teufel der Tiefste in der Hölle ist.

BASS Mit Stimme wie Steineklappern...

TENOR Einen Beutel voll blanker Scherben als Mund...

DISKANT Ein Bündel Bast als Bart...

STEINKLOPFER *tonlos* Hört alle genau her: Der rote Kaiser ist tot und ich hab ihn erschlagen.

Man tritt zurück und bildet einen Kreis um ihn.

PFINGSTEN Aber nun, wenn der hohe Herr Heiland aus der Kutsche klettert, dann hat er seinen hohen Hut in der Hand und legt ihn auf den Bock, hascht mit einer Hand der andern Handschuh und wirft das Häuflein hohle Finger in den hohen Hut, knöpft am Bauch und schlüpft aus seinem Bratenrock, mäusleinklein und zart an Bauch und nacktem Bein, mäusleinklein, mäusleinfein! Und schleicht durch zwischen allem groben Menschenfressergebein grade in des Kränksten und Ärmsten unser aller Mund hinein, mitten in die Klumpen kotigen Gedärms, durchs fingerlange Gewürm der faltigen Haut, und hockt im Gerümpel des Rückens von gebrochenen Knochenstücken:

In uns alle selber hinein.

In den erbärmlichen Allerweltssohn schlecht und recht, unser aller Kind und Kindeskind, unser aller Schuld, unser aller Schande, unser aller Greul und Knäul von Offenbarung. Da biegt er unsere Krummheit in sich gerade, macht uns gesund von seinem Gewürm, macht gut an uns, was wir an ihm getan –

STEINKLOPFER *tonlos* Hört alle her, der rote Kaiser ist tot und ich habe ihn erschlagen. Mit Gewalt wälzt sich die Welt und wählt sich bessern Gang, Kasperseele, Kasperseele – alle hört her, ihr habt alle von seinem Leib gegessen. *Er stößt mit den Füßen die Steine auseinander und zerrt die blutigen Reste des roten Kaisers hervor, öffnet den Sack und zeigt den Hammer.* Ein so beschaffenes Kissen hat ihn in den Schlaf gekeilt, und euer schluckender Hunger hat sich mit ihm geheilt. *Betäubung und Stille*

FETTING Ich schätze meinen Hunger für einen fetten Fraß und die Sattheit des Sauerbrei wird zum Würgen in seinem Wanst. Du Armer, du Verlorner, du, elender als Vieh und verdorbener als stinkender Fisch! Denn wie sagt des Propheten Wort? Gott ist im Menschen, und wer Menschen ißt, ißt Gott.

SAUERBREI *umfaßt ihn* Fetting, so wahr ich bin, es regt sich fürchterlich in meinem Leibe. Es wälzt sich um und um, es würgt eine Faust an meiner Seele und langt hinauf und stopft sich in die Kehle. Fetting, hilf mir, daß ich Atem kriege, Fetting, hilf mir, daß ich nicht erliege!

FETTING Warum hast du deinen Heiland vorzeitig mündig erklärt, was spucktest du aus deinem Munde anderes als deine eigne Besserung und behieltest in dir anderes als deine eigne bittre Bosheit? Erwürgt sie dich, so ist es deine eigne Faust, da sei getrost.

SAUERBREI Schaff mir Atem, Fetting, hilf mir leben. *Er reißt Fettings Arme an sich und schlingt sie um sich.* Mach die Pein in mir platzen, denn du, Fetting – bist ein Loch, eine Lücke, ein Spalt. Laß mich heraus aus mir durch deine Gestalt, heb mich in dich und gönne mir Raum in dir, daß ich werde wie du und falle ab von mir. Du Fetting, fassest allen Segen, du bringst zurück Großvater, Heimat, Sonntag, verlorenes Kinderglück.

FETTING Was wühlst du dich unter meinen gestickten Rock und warum jagen deine Hände hintereinander her durch alle meine Taschen wie gehetzte Mäuse von einem Versteck ins andere? Willst du mich bei mir selbst verdrängen? Was belästigst du mich in meinem armen Bau – komm, laß uns tauschen, zieh meine Fettingflicken an – Kleider machen Leute – und laß mich ein in deinen Sauerbreistaat.

SAUERBREI Ja, ja, guter Fetting, wie gern wollt ich ein Bettler werden und den armen reichen Sauerbrei um keinen Groschen beneiden. *Sie tauschen die Röcke.*

BASS Die Tröpfe, seht die Wichte! Der eine wünschte mit Gewalt getan zu haben, was dem andern durch Zufall und Glück gelang. Fetting ist so schuldig und unschuldig wie Sauerbrei, und Sauerbrei hat sich so sündig gesättigt wie Fetting hungrig blieb. *Zum* TENOR Und was dichtest du für ein Gesicht – einen zähen Bissen durch die Zähne gezerrt und hungrig geblieben, was blinken deine blanken Knochen durch die Backen?

TENOR Mich hat etwas aufgeschnitten diese Minute und ich sah mich selbst durchs klaffende Eingeweide – ich mich, ich mich, das ist immer noch einer den anderen, einer der's tut und einer dem's geschieht, wo aber ist der wahre Eine, wo klaffts so tief, daß da der Einzige steckt, der nichts mehr von sich weiß, wo ist das Vergessen zu finden? Ich hab's in mir und kann's doch nicht, ich bin im Wege weil ich bin und wo das Sein aufhört, fängt das Vergessen an. *Beißt in seine Finger* Friß dich selbst, Freund, so sachte aus dem Sein heraus, Biß um Biß, es tut weh – es tut gut, es schmeckt schlecht – es tut gut, es pfeift durch die Knochen vor Schmerz – aber es fördert das Vergessen. *Seine Hände bluten, er beschmiert sein Gesicht mit Blut.* Ich bade meine Blässe in Blut. *Zu dem* MURMELNDEN Sieh da, der Mund, der das Wort vom Menschenfraß verwarf, der Mund, in dem der Vorrat stockt: Fort mit dem Wort... der selbst ein Menschenfressermund geworden ist, von dem der Menschenfraß tropfen soll. – Seht den verstummten Mund, für den die Farbe zur Stimme wird. *Er schlägt ihn auf den Mund und färbt sein Gesicht rot. Zu* PFINGSTEN: Du treues Totengräberherz, laß deine Backen streicheln, laß deinen piependen Prophetenmund küssen. *Er küßt und streichelt ihn.* Ach, alle ihr freundlichen Mitmenschenfresser, alle, die ihr zur Sippe gehört, seid als Kameraden gegrüßt und so – mit der Farbe unserer Verwandtschaft gestreichelt. *Mehrere werden rot gefärbt.* Lauter Menschenfresser, lauter rotberühmte, blutbewußte, bewährte und überführte Menschenfresser!

MURMELNDER Wenn Gott im Menschen ist, so hat Gott Gott gegessen. So kommt's, so steht's, Gott ist der Eine und der Weg zu ihm ist das Vergessen. Gott ist nicht Du mit sich,
Gott ist das einzig ungeteilte Ich.
Fort mit dem Wort, wir harren und wir hoffen,
Sperrangelweit stehn Tür und Tore offen.

KAISER *zu* PAPST Was siehst du mich an, Papst – du bist eben so rot wie ich.

PAPST Aber nicht roter als du – hä – hä, du Menschenfresser!

KAISER Ich habe keine Kinder, Papst, du bist gut dran, hast doch jemand, der dir das Grab dereinst besorgt und einen Stein hinstellt mit der Schrift: Hier liegt mein Vater, der Menschenfresser. Hin ist hin, Papst, alles hin, sogar der gute Name bei den Enkeln!

PAPST Wenn ich dich totschlage und mir das Gesicht abwasche, so wäre alles wie sonst.

KAISER Alter Freund, alter guter Papst, wir haben alle nur aus Zufall und im Unverstand gegessen.
Was gilt vor Gott solch ein Versehen?

PAPST Aber vor den Enkeln, Kaiser, vor Enkeln, da ist Unvorsicht verdammlich. Ich will vor den Enkeln ehrlich hinstelzen, das ist der einzige Mantel, mein Alter zu wärmen, der mir bleibt. – Die Wolle, guter Kaiser, ist meine. Ich denke, jedem das Seine.
Dazu kann mir nur deine stumme Zunge helfen –

KLINKERFUSS *mit Tod und Teufel* Friß blasser Tod den schwarzen Teufel,
Friß schwarzer Teufel blassen Tod,
Hühott, grüß Gott!
So ein Gräslein, so ein Gras,
So ein Ääslein, so ein Aas,
So ein Späßlein, so ein Spaß,
So ein Fräßlein, so ein Fraß,
Hühott, grüß Gott!
Zu einem ALTEN, *der durch die Menge drängt, indem er ihm den Tod vor die Nase hält* Suchst du den – er beißt!

ALTER Dann ist es nicht der Rechte, er sieht aus wie ich selbst – haben alle Zähne und Mäuler, lauter Wölfe, und die uralte Welt wirft nichts als Wölfe und wieder Wölfe.

KLINKERFUSS *hält ihm den Teufel vor* Suchst du den, er kratzt!

ALTER Dann ist er auch nicht besser als wir alle, auch nicht der Rechte.

KLINKERFUSS Was soll er aber tun – Kratzen und Beißen sind berühmte alte Sitten, dabei kommt Leben in die Bude.

ALTER Der Rechte ist der andere, Kamel, *Geheimnisvoll* der Andere – der Andere? Das bin ich und alle nicht, den such ich – wo soll man bloß hingehen – lange warten mag ich auch nicht, *Weint* keiner ist da, keiner ist da.

KLINKERFUSS Ich will dir was sagen: keiner ist nicht da, wenn keiner da wäre, so wäre er der Rechte.

ALTER *besinnt sich* Und ich will dir auch was sagen, wenn ich ihn finde, spuck ich aus, ich bleibe bei den Wölfen. *Zu* KUMMER, *der von hinten drängt* Grauer Kummer, wie hast du die Welt befleckt, und unsere Hoffnung, erst krüppelig, ist bösartig geworden, Treu und Glauben verfault und verfummelt – eine Welt, eine Welt! Unser Liebstes ist darin verpfuscht – spuck aus wie ich, wenn der Rechte kommt.

KUMMER Ein Stein, kann ich euch sagen, Freunde, ist mir vom Herzen gefallen – alle verfault und verpfuscht, die ganze Welt mit uns vereint, lauter Menschenfresser. *Umarmt sie* Glaubt mir, ich bin glücklich, mir ist wie gerettet und geborgen, nie war ich so recht selig bis jetzt – was kann uns nun noch geschehen – spuckt aus, spuckt aus. Keiner ist der Rechte, keiner ist da.

ALTER Mir will's doch bei euch nicht so recht gefallen, bleibt zu zweit umarmt. Es soll mit herzlicher Lust beseufzt werden, was nicht zu ändern ist. Mein Gram soll wohl lächeln, aber bejubeln den Greul, davor graust es meinem Gemüt. *Macht sich los*

KLINKERFUSS Die bessern Menschenfresser spucken auf die böseren Menschenfresser – hühott, grüß Gott!

ALTER Wenn da wirklich keiner ist, so muß ich mir einen denken. *Er stößt auf einen regungslos stehenden, in sich versunkenen* BETER, *mustert ihn von Kopf zu Füßen, geht um ihn herum.* Was mag es nun mit dem auf sich haben? *Stößt ihn an*

BETER Armer Freund, mußt du mich auch arm machen? Ich war drauf und dran im Wohl zu ertrinken und rettest du mich in die gemeine Gewöhnlichkeit?

Ich fing da an, womit das Ende abschließt, ich merkte was davon, worauf es bei allem hinausläuft – und nun...

ALTER *faßt ihn an der Gurgel* Sprich, sprich, fang an!

BETER *als schöbe er alles bei Seite* Kein Anfang, Freund, und kein Ende – es geht nicht mit Worten zu, *Tippt sich auf den Mund* es fängt mit Stillschweigen an. Die Zunge ist dabei das allerüberflüssigste, und was am letzten gilt – es läßt sich nicht sagen, hinter der Zunge und hinter den Worten fängt es an. *Heult* Es ist vorbei und ich muß reden, weil ich nichts weiß!

Sie werden fortgedrängt.

SAUERBREI *in Fettings Rock, krümmt sich* So ein Maulwurfsmantel umpelzt mich mit schaurigem Behagen.
Zieht den Kragen über die Augen
Keine Augen im Kopf,
Krumm durch schwarze schwere Erde krümeln und kriechen,
Würmer und Wurzeln wittern,
Den Magen mit Maden und Larven laben,
Was weiß der Maulwurf von Pein und Plagen.
Ich will wühlen und singen ein Lied in der zufriedenen Maulwurfsweise. *Er läßt sich nieder, scharrt in der Erde und steckt den Kopf in die Grube. Im Singsangton*
Wozu die Qual, wozu das Leid,
Wozu die klägliche Gebärde,
Überall ist Muttererde.
Sie nährt dich wie sie soll und kann,
Umfängt mit Liebesarmen den toten,
Mühselig müd gewordnen Mann ––
Überall ist Mutterboden...

FETTING *stößt ihn mit dem Fuß* Armer Sauerbrei, dein sündiger Verstand ist sauer geworden. Grab, grab und grüß den Gott der Würmer, vielleicht, daß er dir den Menschenfraß verzeiht.

STEINKLOPFER Ei, was ein sauberes Männchen, ein Stutzerchen in Gnadenstiefeln und solch selbstgerechtem Hosenboden! Hast du nicht gegessen, so sollst du's noch. Hier ist kei-

ner, der den Mund wischen darf und danken. *Er ergreift ihn und zerrt ihn gegen den Leichnam. Die Menge schließt sich hinter ihnen.*

TENOR *hebt die blutigen Hände* Vergessen, vergessen!

Man hört einen Schrei, alles kehrt sich nach dem Innern des Kreises, lockert, drängt, wobei sich die Menge mehr und mehr in zwei Hälften teilt, die zwischen sich den Blick auf den Windschutz des Steinklopfers freigeben. THOMAS *und* ELISE *stehen vor dem Findelkind. Der* STEINKLOPFER *und* FETTING *knien am Boden vor dem roten Kaiser.*

THOMAS Muß es sein? Wenn du es sagst, so nimm es auf.

ELISE Es muß sein, Thomas. Auf dieses Kindes grausame Gestalt lege ich die Hände, gleichwie auf die wehste Wunde der Welt. Wir müssen der schwersten Not die erste Hilfe bringen. Er soll unser erster Sohn heißen. Es muß sein, Thomas – Thomas, soll es sein?

THOMAS Wenn es unser Sohn sein soll, so lege deine Mädchenhände auf ihn und nimm ihn in deine Mutterarme.

PFINGSTEN Unser aller Kind und Kindeskind,
Unser aller Schuld, unser aller Schande,
Unser aller aufgedeckter Schaden...
Sieht sich um, zum STEINKLOPFER Drängtest du mich nicht von rechts und schnaufst doch in mein linkes Ohr? Wie seid ihr alle sonderbar verstellt – Stießen wir nicht im Schuß und Ruck eines Übergangs von hinten und vorn in eine neue Ordnung mit den Köpfen zusammen? Was geht um uns vor, wenn alles sich dreht?

STEINKLOPFER Grade als ging und schwang die Welt um ein Pünktlein und wälzte sich rückwärts wider ihre alte Weise – Sie wälzt sich, sie wälzt, sie dreht sich, sie steht, sie geht langsam leise voran – und seht, als wir alle um uns staunten und unsere Nasen sich in die frische Richtung reckten, da, da löste sich leicht ein Wesen aus dem Unwesen, seht, da wurde Böses gut, seht, da hat sich Leere voll gemacht, da ist krank gesund geworden, seht!

ELISE *hebt ein leuchtend schönes Kind auf, es blickt munter um sich.*

THOMAS Nun bist du die Mutter eines Gottes geworden.

ELISE Es ist nur ein glückliches Kind, Thomas, unser Kind, unser Glück.

MURMELNDER Heil', Herz, und hoff',
Das Wort ward Stoff,
Und zur Gestalt erblühte seine Lichtgewalt.
Fort mit dem Wort vom Menschenfraß.

BASS Fort mit dem Wort, es hat genug rumort.
Seht hin, das Wunder in der Dunkelheit!
Mit Leuchten ist sein Leib geweiht.
Ein goldnes Bienchen summt um ihn,
Schlägt einen Reif um seine Locken, saugt und facht
Ein Wort wie Geigenton in dunkler Nacht,
Und küßt als Hauch die glatte Wand der Stirn.
Da lacht das Kind, streckt den Zeigefinger
Wie ein rosiges Horn am runden Händchen
Und scheucht den angehauchten Kuß vom Angesicht.
Dann schnurrt es wieder seinen Kreis von Licht.

TENOR Es tut gut, es tut gut, die Luft zu atmen, die um dieses Kind sich wiegt. Die ewige Ferne hat es gesäugt.
Sein Brüstchen hebt sich kaum und senkt sich sacht.
Doch schmilzt die Zeit vor seinem Hauch
Und matt wird rauhe Nacht,
Weit ausgehöhlt und abgeschält,
Erweicht, zermürbt, gebracht zur Ruh,
Und aus der fernen Ewigkeit fließt sanft Vergessen zu.

PFINGSTEN Der rote Kaiser gibt dem Land bekannt:
Das letzte Wort am allerletzten Ort,
Ertränkt ist das Elendskind in uns selber.
Unser aller Greul und Knäul von Offenbarung...

STEINKLOPFER *legt ihm die breite Hand auf den Mund* Kasperseele, Kasperseele!

Titel und Nachweise der Holzschnitte

Titel und Nachweise der Holzschnitte nach: Friedrich Schult, »Ernst Barlach. Das Graphische Werk«, Hauswedell, Hamburg
Wiedergabe der Holzschnitte, fotografiert von Peter Cordes, mit freundlicher Genehmigung des Ernst-Barlach-Hauses, Hamburg

S. 23 *Haderndes Paar im Regen*
Bildgröße 93 × 132. Unbezeichnet

In kahler, durch einzeln verstreutes Gestein als dürftig gekennzeichneter Landschaft, die von einem schräg einfallenden Wetter, von dessen graphischen Schraffen die Figuren hier und da geschnitten werden, verhangen ist, die linke Bildhälfte füllend eine sitzende Frau in Vorderansicht, um Kopf und Schultern ein Tuch geschlagen, worin sie auch das Kind auf ihrem Schoße birgt; rechts, in gebeugter Haltung ihr zugewandt, der vorgestreckten Kopfs auf die Gruppe herabsehende Mann, von einer ausgefransten Decke, deren vorderer Saum von den unsichtbar agierenden Händen angehoben ist, bis zu den Knien glockenförmig umhangen.

S. 25 *Steinklopfer und Roter Kaiser*
Bildgröße 130 × 114. Unbezeichnet

Am linken Bildrande stehend der rote Kaiser in einem faltig locker bewegten Mantel, den Kopf tief zwischen die Schultern gezogen, die unsichtbare Rechte hinter dem Rücken auf einen Stock gestützt, dessen Zwinge gegen den unteren linken

Bildwinkel zeigt, mit der Linken einen Bissen zum Munde führend, neben dem aus voller Vorderansicht sich vorbeugenden breitschultrigen Steinklopfer mit rundem Kinnbart und hängender Schürze, der drohend den in einen Sack gehüllten Hammer vorweist, dessen Stielende unter schwingenden Saumfalten sichtbar ist.

S. 27 *Wanderndes Paar im Regen*
Bildgröße 77 × 106. Unbezeichnet

Gegen den in Schraffen schräg einfallenden Regen ein nach rechts wanderndes Paar in stürmisch bewegten Mänteln; die Frau, die rechte Hand an ihrem Hute, um einen Schritt voraus, an ihrem Arme den beleibteren Begleiter führend, der sich an seinem Stocke schwerfällig forthilft.

S. 31 *Gruppe aus drei Figuren (Baß, Diskant, Tenor)*
Bildgröße 123 × 138. Unbezeichnet

Vor einer von oben links schräg einfallenden, dunklen Schraffenwand, die in der Mitte aufgerissen ist, drei stehende männliche Gestalten in Vorderansicht; die beherrschende Mittelfigur, die offen vorgewiesenen Hände angehoben vor der Brust, breitbeinig vorgebeugt, umhangen von einem weiten Tuche, dessen vorn übereinandergeschlagene Enden in einem wellig bewegten Saume spitz gegen den unteren Bildrand verlaufen; zu beiden Seiten je eine weniger betonte Begleitfigur; die linke barhäuptig, in Mantel und Schulterkragen, die gefalteten Hände vor dem Schoße, die rechte mehr im Charakter einer stummen Person.

S. 33 *Der Hundekarren*
Bildgröße 102 × 139. Unbezeichnet

Von dem gekrümmten Horizont eines Hügels überwölbt, der am linken Bildrande von einem gekröpften Weidenstamm überschnitten ist, in einem nach links grichteten, wartenden Wägelchen, an dessen Deichsel ein ausgemergelter Hund mit letzten Kräften hängt, der sitzende Vater Kummer, halben Leibes aufgestützt und mit agierenden Händen um sein Schicksal handelnd mit dem in Rückansicht aus dem Vordergrunde herantretenden Kost, der mit der Rechten, die er unter einem ausschwingenden Schultertuche vorstreckt, seinen Lohn begehrt.

S. 35 *Lahmer und Einbein (Diebitz und Stiebitz)*
Bildgröße 103 × 114. Unbezeichnet

Der lahme Stiebitz, neben seiner zerbrochenen Krücke sitzend vorgebeugt nach rechts, die Knie weit gespreizt, mit ausgestreckten Armen verzweifelt nach der Krücke des vom rechten Bildrande ihm zugekehrten einbeinigen Diebitz greifend; im Hintergrunde links drei abwartend zuschauende Gestalten.

S. 43 *Wandernde Puppenspieler*
Bildgröße 84 × 110. Unbezeichnet

Zwei unter andringendem Sturm nach links wandernde Figuren: in der linken Bildhälfte Vater Klinkerfuß, die Linke an dem vorgesetzten Stock, die Rechte unter dem nach vorn gewehten Mantelkragen an seinem Hute; ihm folgend der stärker gebückte und kräftiger ausschreitende Thomas, auf seinem Rücken den um den Leib geschnürten Puppenkasten.

S. 47 *Verzweifelter Puppenspieler*
Bildgröße 117 × 139. Unbezeichnet

Klinkerfuß, den Kopf mit ausgestreckter Zunge halb nach links gedreht, mit angezogenen Knien in der ausgeräumten, die Bildmitte füllenden Puppenlade sitzend, umgeben von dem im Zorn wie auf einem Schlachtfelde verstreuten Puppenvolke.

S. 51 *Elise, kniend vor der Mutter*
Bildgröße 85 × 131. Unbezeichnet

Elise, vor einer unbestimmt nächtlichen Wand in der linken Bildhälfte kniend vorgebeugt nach rechts, im Begriff, der ihr zugekehrt sitzenden, mit der ausgestreckten Linken abwehrenden Mutter die Füße zu küssen.

S. 57 *Gruppe aus mehreren Figuren*
Bildgröße 112 × 125. Unbezeichnet

Vor nächtlich unbestimmter Landschaft im unteren linken Bildwinkel in abwehrender Haltung sitzend, in Rückansicht mit seitwärts zögernd aufgesetzten Händen, Mutter Kummer, bedrängt von dem ihr kniend zugekehrten Diebitz, der ihr die Linke zudringlich an die Schulter legt und seine Rede mit erhobener Rechten unterstreicht; die Gruppe nach oben abgerundet durch den überschnittenen Stiebitz; diagonal davon getrennt, den oberen rechten Bildwinkel füllend, die teilnehmenden Gestalten von Thomas und Elise; Elise, in der Mittelachse sitzend unter einem nach links verwehten Kopftuche, die Hände über dem Schoß zusammengelegt; am rechten Bildrande, stehend, Thomas, den Kopf in die angehobenen Hände stützend.

S. 61 *Der Puppenspieler*
Bildgröße 105 × 130. Unbezeichnet

Klinkerfuß, in einem die graphische Mitte beherrschenden, über den Hüften eingeschnürten, faltig bewegten Mantel, breitbeinig in voller Vorderansicht den Rumpf nach links geworfen, den Kopf nach rechts gedreht, zwischen teils liegenden, teils hockenden Begleitfiguren aus dem Ellenbogen in ausladender Bewegung mit Tod und Teufel agierend.

S. 69 *Ein braver Mann muß gehn und betteln (Kummer und Elise)*
Bildgröße 127 × 114. Unbezeichnet

Vor nächtlich unbestimmtem Grunde in Seitenansicht der als elende Ungestalt in zerschlissenem Mantel von rechts gebeugt herantretende Vater Kummer, von der ihm zugekehrten Elise, die er mit der Rechten an sich ziehen will, abwehrend empfangen.

S. 71 *Der Mantel ist mehr Flick als Stück*
Bildgröße 115 × 86. Unbezeichnet

Vor nächtlich unbestimmtem Grunde am rechten Bildrand der stehende Vater Kummer, schmerzverzogenen Gesichts den linken Arm anhebend, während seine von links unter einem glockenförmig sie bedeckenden Kopf- und Schultertuche herantretende Frau mit der ausgestreckten Linken das Futter seines zerschlissenen Mantels nach dem eingenähten Schatze absucht.

S. 75 *Friß, Friß, Vater Kummer*
Bildgröße 108 × 135. Unbezeichnet

Vor einer dunklen Wand zwei sitzende Figuren in faltig bewegten Gewändern, links, in Seitenansicht, der abwehrende Vater Kummer, dem der ihm zugekehrte Diebitz mit vorgestreckten Händen zudringlich einen Bissen zum Munde führt.

S. 81 *Der Kessel*
Bildgröße 164 × 137. Unbezeichnet

Über einen im rechten unteren Bildwinkel unter Feuer stehenden Kessel gebeugt, in Vorderansicht zwei hungerwütige Gestalten, von denen die rechte den in der Bildmitte mit beiden Händen zugreifenden Nachbarn von der Speise abzudrängen sucht, während von links her zwei weitere Figuren, die obere überschnitten, mit lüstern vorgestreckten Händen herantreten, gefolgt von einer im Hintergrunde vielköpfig wogenden Menge.

S. 85 *Der Hohe Herr*
Bildgröße 163 × 129. Unbezeichnet

In der oberen Bildachse bei voller Vorderansicht in »der hohen Pforte« eines ausgesparten Lichtvierecks, das den übrigen Grund mit seitwärts und abwärts geführten Schraffen unwirklich erhellt, stehend »der Hohe Herr«, spitzbärtig, in Gehrock und Zylinder, die Rechte lässig in der Hosentasche, die Linke an dem aufgesetzten Stocke, empfangen von einer am linken Bildrande wartenden, offenen Kalesche, deren Schlag von dem in Rückansicht vorgebeugten, beflissen zuspringenden Kutscher aufgerissen wird.

S. 91 *Der Maulwurf*
Bildgröße 92 × 138. Unbezeichnet

In einer im Mittelgrunde offenen Grube eine kniend nach vorne links geworfene Gestalt unter faltig bewegtem Mantel, dessen verwehter Saum gegen den oberen Bildrand schwingt, angehobenen Gesichts sich tiefer in die Erde grabend.

S. 93 *Das Kind in der Glorie*
Bildgröße 162 × 140. Unbezeichnet

Vor dunklem Himmel die in der oberen Bildachse stehende Elise, auf ihrem rechten Arme das Kind in der Glorie vorweisend, umgeben von einem Kranz andrängender Figuren in einem sich ausbreitenden Lichte.

S. 95 *Fort mit dem Wort vom Menschenfraß*
Bildgröße 142 × 134. Unbezeichnet

Vor dem gegen den oberen Bildrand strahlenförmig erhellten Himmel eine mit ausgebreitet hochgeworfenen Armen in voller Vorderansicht breitbeinig stehende Gestalt zwischen zwei aus den unteren Bildwinkeln her ihr zugekehrten, sich neigenden Begleitfiguren.

PIPER

ERNST BARLACH
DRAMEN: DER ARME VETTER

HERAUSGEGEBEN UND MIT EINEM VORWORT VON HELMAR HARALD FISCHER

Serie Piper

Band 771

PIPER

ERNST BARLACH
DRAMEN:
DIE SÜNDFLUT

HERAUSGEGEBEN UND MIT EINEM VORWORT
VON HELMAR HARALD FISCHER

Serie Piper

Band 772

PIPER

Ernst Barlach
Dramen:
Die echten Sedemunds

Herausgegeben und mit einem Vorwort von Helmar Harald Fischer

Serie Piper

Band 774

PIPER

Ernst Barlach
Dramen: Der blaue Boll

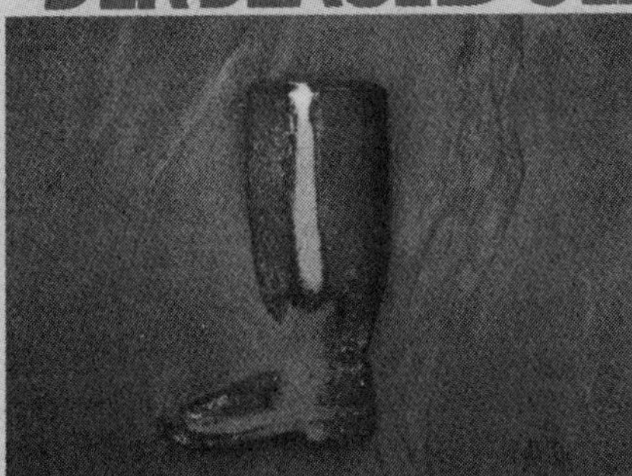

Herausgegeben und mit einem Vorwort von Helmar Harald Fischer

Serie Piper

Band 775

PIPER

Ernst Barlach Dramen: Der tote Tag

Herausgegeben und mit einem Vorwort von Helmar Harald Fischer

Serie Piper

Band 776